KB096848

다가오는 3년,

대한민국 부동산 시나리오

다가오는 3년,

대한민국
부동산
시나리오

박연수(쌈지선생) 지음

트러스트북스

저자와의 인터뷰

문재인정부의 출범,
대한민국 부동산의 미래를 말한다

인터뷰이:저자 박연수

"우리는 이것이 궁금하다. 과연 문재인정부는 강력한 부동산규제 정책을 임기 내내 고수할 것인가?"

Q 금리인상에 대한 의견이 분분한 상황에서, 지금이 부동산에 투자해도 될 때인지에 대한 독자들의 궁금증이 극에 달해 있습니다. 저자님은 지금, 대한민국 부동산에 투자해도 된다고 생각하십니까?

A 이 질문에 대한 내용은 단편적으로 얘기할 부분이 아닌 것 같습

니다. 얘기가 길어지겠지만 현재 한국 부동산시장을 둘러싸고 있는 전반적인 흐름에 대해 말하지 않을 수 없겠습니다. 현재 대한민국 부동산에서 가장 문제가 되는 것은 아무래도 언제 터질지 모르는 1360조원에 이르는 가계부채가 아니겠습니까? 여기에 더해서 지금까지 호재로 작용해 왔던 부동산 완화정책이 새 정부가 출범하면서 강력한 부동산 규제정책으로 전환되면서 미래의 부동산시장 전망을 더 어렵게 하는 요인으로 작용하고 있습니다.

지금 부동산시장의 미래가 불투명한 이유는, 2014년 초부터 부동산시장의 가격 상승을 견인해 온 것이 시장 내부의 펀더멘털에 의한 것이 아니라 박근혜정부의 부동산 규제완화정책과 한국 자본시장이 처음으로 경험하고 있는 초저금리에 절대적으로 영향을 받아 왔기 때문입니다. 그렇기 때문에 반대의 상황이 연출될 경우 부동산시장이 폭락할지도 모른다는 두려움이 커지는 것입니다.

과거 노무현정부는 집권 2년차부터 크고 작은 부동산대책을 17번이나 발표했습니다. 그런데도 부동산을 잡지 못했습니다. 결국 부동산 가격이 잡히기 시작한 때는 서브프라임모기지론 파산으로 인한 금융위기가 발생하면서 금리폭등으로 자산가치가 폭락한 후부터입니다. 우리가 이 부분에서 생각할 것이 정부의 정책이 시장의 변동성을 이길 수는 없다는 사실입니다.

현재 부동산 폭등(일부의 핵심권역만 해당)의 원인은 첫째 2010년 이후 지속되어온 저금리와 LTV(주택담보인정비율), DTI(총부채상환비율)의 완화로 주택시장에서의 유동성이 급격하게 호전된 데에 원인이 있습니다. 이로 인해 주택시장에 가수요 바람이 일고 여기에 다주택자, 갭투자 세력들이 시장의 질서를 왜곡시켜 가격이 급등하게 된 것입니다. 펀더멘털이 허약해진 시장에서도 저금리와 유동성만으로도 시장이 호전됩니다. 그래서 투자시장에서 가장 큰 장은 금융장세(유동장세)라는 말이 생겨난 것입니다.

향후 금리가 금융위기 당시처럼 폭등하는 수준까지 가지 않더라도, 한국은행이 기준금리를 2% 이상만 올려도 부동산시장이 받는 충격은 매우 클 것입니다. 가계부채의 급증으로 대출한계가구가 그만큼 많아졌기 때문입니다. 다행스러운 점은 금융위기 당시처럼 금리가 일시에 급등할 가능성이 크지는 않다는 점입니다. 여전히 주요 경제 국가들은 자국의 경기진작을 위해 양적완화정책을 지속하고 있으며 중앙은행은 기준금리를 동결하고 있습니다. 이들이 기준금리를 올리지 못하는 이유는 그만큼 앞으로의 경제가 순탄치 않을 것으로 예상돼 보수적인 금융정책을 고수하기 때문입니다.

영국 중앙은행인 영란은행BOE은 2017년 8월 3일 기준금리를 기존 0.25%로 유지하기로 했으며, 미국 연준도 이미 2017년 7월 17일에 기준금리 동결을 발표했습니다. 다만 미국 연준이 2017년 말에 양적완화 축소를 기정사실화하고 있어 미국의 금리인상은 점진적이나마 불가피할 것으로 예상해볼 수 있습니다. 급격한 금리인상이 가져올 경제적 파급효과를 가정해보면 일자리 만들기에 정권의 운명을 걸었다는 현 정부가 경제 살리기에 치명적으로 작용할 수 있는 금리인상을 서둘러 단행하기는 어려울 것입니다. 또 세계적으로도 주요 선진국들이 양적완화와 마이너스 금리정책을 지속하고 있는 마당에 우리나라만 금리인상을 급격하게 단행할 수도 없습니다.

문제는 부동산시장을 대하는 정부의 방식입니다. 이번 정부의 8.2 부동산대책은 다주택보유자와 강남 재건축단지들을 직접 겨냥한 것입니다. 진정으로 부동산시장을 교란시키는 다주택자를 뿌리 뽑겠다고 마음먹었다면 이렇게까지 요란스럽게 정책을 펼 필요가 없습니다. 강남아파트 고분양가의 주범인 분양가상한제를 다시 원래대로 돌려놓고(분양가상한가제가 폐지된 2015년 4월 이후 서초구에서 분양된 아파트 분양가 96.1% 급등) 1주택 이상의 다주택자에게 누진적 할증보유세를 당장 입법화하면 일부 핵심지역의 과열된 부동산시장은 잡히지 않겠습니까.

정부 정책만으로 시장의 가격이 잡힌다면 이것을 시장이라고 할 수 있겠습니까. 시장이라는 것은 경제의 내용에다 인간의 탐욕이라는 보이지 않는 심리적 요소가 절대적으로 영향을 미쳐 가격이 결정되는 구조입니다. 다주택자에게 양도세 세율을 올린다 한들 그들이 눈 하나 깜짝 하겠습니까. 다만 유동성의 고리를 일부나마 끊는 LTV, DTI 한도를 줄이는 것에 대한 정책적 효과는 있습니다. 현재 부동산시장의 가격을 변동시키는 가장 주요한 요소는 금리, 시장유동성, 인구의 변동으로부터 발생하는 지역 간 인구밀도의 비대칭성, 가족해체와 1~2인가구의 급증으로 임대주택시장의 급성장, 내수절벽으로 인한 상권의 양극화현상 등입니다. 실수요자라면 이 부분에 주목해서 투자를 결정하면 됩니다.

대한민국 부동산은 서울에 있는 재건축 대상 아파트만 있는 것이 아님에도 그 상징성 때문에 너무 부각되는 점이 있습니다. 서울지역을 통틀어서 재건축 추진단지는 10만 8천 가구로 이중에서 재건축조합원지위양도금지에 해당되는 아파트는 5만 5655 가구에 불과합니다. 전체 주택시장에서 차지하는 비중은 0.3% 미만입니다. 이곳에 거주하는 자들만이 대한민국 국민을 대표하는 것은 아니지 않습니까. 이 지역의 주택시장에서 투기수요가 발생해 가격이 오른 이유는 전 정부의 노골적인 부동산규제

완화정책 때문 아니었습니까. 정부가 잘못한 정책을 원상복귀시키는 일에 공치사할 일이 있습니까. 지금 대한민국 부동산시장의 문제는 지독하게 깊어지는 지역 간 양극화와 독신가구의 급증으로 반사이익을 얻고 있는 무등록 주택 임대업자를 제도권으로 끌어들여 적정한 과세를 하고 세입자를 보호하는 제도적 장치를 마련하는 일입니다.

사회적 약자의 주거비용 상승이 사회문제가 되면서 청년들의 혼인율, 출산율이 저하되고 이것이 우리 경제의 성장동력을 까먹고 있습니다. 부동산시장의 가격을 왜곡시키는 세력에 대한 강력한 부동산규제대책도 필요하지만 동시에 정부가 지금 당장 시장에 개입해서 해야 할 일은 사회적 약자에 대한 주거환경을 개선하는 정책을 더 늦기 전에 실행에 옮기는 일일 것입니다.

지금 정부는 과도한 레소틱을 써가면서까지 부동산과의 전쟁도 불사하겠다고 호언장담하고 있습니다. **이를 좋게 생각해보면 우리가 두려워했던 최악의 시나리오는 이미 다 드러난 것으로 생각해 볼 수도 있습니다.**

정부의 강력한 의지가 담긴 8.2 부동산대책은 일단 시장의 투기수요를 억제하는 것에는 성공한 듯 보입니다. 8.2대책으로 이미 강남재건축 시장은 타격을 받았습니다. 투기과열지구로 지정된 곳의 재건축아파트는 재건축 조합원 지위를 양도할 수 없게 되어 시장에서 급매물건이 증가하고 신규투자자 문의가 거의 끊어진 것이 그 증거입니다. 2018년 1월부터 재건축개발이익환수제가 시행되는 것도 악재입니다.

8.2 부동산대책은 다주택자를 겨냥한 양도세 강화, 대출규제와 청약제도의 개선 등 서민 실수요자들의 내 집 마련 기회를 확대하는 것을 정책의 골자로 하고 있습니다. 그러나 8.2대책의 한계도 분명해 보입니다. 양도세 세율을 10~20%포인트 올린다고 해서 바로 집을 내다 팔 사람이 얼마나 되겠습니까. 양도차익 최고세율에 해당하는 세금을 내고도 시세차익이 발생하면 투자하는 것이 그들의 투자 마인드입니다.

"시장에서의 가격이란, 결국 시장의 흐름, 인간의 탐욕이라는 합리적, 비합리적 요인이 합해져 결정됩니다. 실수요자라면 미래의 부동산투자에 겁먹을 필요가 없죠. 해방 후 대한민국 부동산은 모든 경제성장지표 이상으로 올라왔습니다. 이 사실은 지금도 변화가 없습니다."

저의 지론은 위와 같지만, 그렇다고 하여 무분별한 투자를 조장하고 싶지는 않습니다. 아니 오히려 투자에 있어서 매우 신중한 입장을 취해야 한다고 생각합니다. 너무 많은 사람들이 기본적인 지식조차도 없이 투자에 나섰다가 돌이킬 수 없는 실패를 맛보는 곳이 부동산시장이기 때문입니다.

많은 사람들이 작금의 8.2대책이 과거 노무현정부가 실행했던 부동산 종합대책의 데자뷰Dejavu로 그때와 마찬가지로 실패할 것이라고 말하고 있습니다. 저는 이 말에 대해 "지금은 그때와 다르다"고는 솔직히 말씀드리기 어려울 것 같습니다.

노무현정부는 국토균형개발 어젠다에 대한 미련을 끝까지 버리지 못했습니다. 정치적 해석을 배제하고 이를 투자논리로만 본다면 어째든 노무현정부의 국토균형개발 추진으로 전국적으로 혁신도시, 기업도시, 세종행정도시 개발 붐이 일었고 이로 인해 막대한 토지보상금이 전국 부동산시장에 몰려들었습니다. 이 시기와 맞물려 당시 서울 시장이던 이명박에 의해 서울 구도심에 대한 대대적인 뉴타운재개발 사업이 추진되면서 부동산 버블은 걷잡을 수 없는 환경에 빠지게 되었습니다. 당시는 우리나라뿐 아니라 전 세계적으로 부동산 버블이 급격하게 팽창하던 시기였습니다. 자본의 국경이 사라진 신자유주의시대에서의 투자시장은 동조화라는 특징을 갖고 있습니다. 전 세계가 부동산 폭등으로 미쳐 돌아가고 있는 판국에 우리나라만 예외일 수는 없었을 것입니다. 이런 상황에서 정부가 아무리 강력한 부동산정책을 내놓았다고 한들 그것이 시장에 먹히기는 어려웠을 것입니다.

결론적으로 노무현정부가 잘한 것도 없지만 그렇다고 이 모든 것이 노무현정부의 잘못된 정책 탓이라고 말하는 것도 문제가 있습니다.

부자들만 노무현정부의 부동산규제 정책에 저항한 것이 아닙니다. 부동산 버블이 정점을 향해 가던 투자공간에서는 서울 구도심에 있는 단독주택 대지 지분 한 평(3.3m²) 당 가격이 3천만원을 넘어 1억원을 호가하던 곳까지 있었습니다. 소위 노른자위 지역으로 꼽는 한강벨트축 선상의 용산, 한남, 성수지구만의 얘기가 아닙니다. 거여 마천지구, 목동지구, 천호 성내지구, 청파지구 등 서울 구도심 뉴타운재개발 대상지역 거의 대부분에서 일어났던 일입니다. 매일 눈뜨고 나면 가격이 오르는데 서민들인들 정부의 부동산 규제정책에 반대하는 것은 인간의 속성상 당연한 것이지요. "세입자의 신분에서 집주인으로 신분이 바뀌면 그 순간부터 부동산을 대하는 시각이 180도 달라진다"는 말이 있지 않습니까. 부동산 규제정책의 역효과로 풍선효과를 염려하지 않을 수 없습니다. 투기과열지구로 지정된 27곳에서 빠진 지역 중에서 여전히 경제성이 담보되는 지역이 많습니다. 수도권에서는 대표적으로 판교, 분당, 광교, 하남미사, 김포한강신도시가 이에 해당되는 지역입니다. 또 8.2 부동산대책으로 정부의 도시재생뉴딜 사업 대상지에서 빠지는 서울 과천 세종시의 반사효과로 과거 뉴타운재개발 대상지역으로 도시재생사업이 시급해진 안양, 성남, 부천, 인천시의 구도심은 투자가치가 상승할 것입니다.

정부는 여론에 매우 민감한가 봅니다. 대의민주주의 국가에서는 어쩔 수 없는 일입니다. 전 정부의 국정농단 사태에 대한 반면교사도 작용했겠지만, 그렇다고 무슨 독립선언이라도 하는 것 마냥 비장한 모습으로 부동산과의 결사항전을 외치는 모습도 보기 좋지는 않습니다. 평균을 따지면 다주택보유자가 가장 많은 계층이 장관, 정부관료, 국회의원 등 국가의 녹봉으로 사는 사람들일 텐데요.

이번 정부의 8.2 부동산대책은 정확하게 다주택보유자와 강남재건축단지를 겨냥한 정책입니다. **실수요자는 별 영향이 없습니다. 오히려 무주택, 다가족의 청약가점제에 유리한 실수요자에게는 핵심권역의 투자기회가 확대되는 기회입니다.**

다만 우리가 걱정하는 것이 있다면 이번 조치로 부동산시장이 급랭하는 것은 아닌가 하는 우려 때문일 것입니다. 앞으로 임대주택시장을 제외하면 주택시장이 급등할 가능성은 거의 희박합니다. 현재 가격에 비해 잠재가치가 높은 곳에 투자해 많은 돈을 버는 것은 부자나 가난한 자나 모두 소망하는 일입니다. 이것이 투자의 기본이기도 하고요. 그러나 제가 이 부분에 대해 정신 줄 놓고 한마디만 덧붙인다면, 이제 우리도 내가 거주하는 집을 투자의 대상이 아니라 정말 사는 곳이라는 생각을 하고 살면 안 되는 것일까요. 살다가 집값이 오르면 세상을 정직하고 성실하게 산 대가로 주어진 인생의 선물이라고 생각하면서.

Q 레버리지투자는 일반 서민들이 적은 돈으로 큰 돈을 벌 수 있는 효과적인 도구로 인식되고 있습니다. 잘만 이용하면 서민이 부자가 되는 사다리를 움켜쥐는 행운이 오기도 하니까요. 그래서 레버리지를 써서라도 투자를 해야 한다고 생각하는 사람들도 많고, 레버리지투자를 부추기는 책이나 언론보도도 많습니다. 과연 레버리지투자는 지금 이 시대, 서민을 돕는 善인가요, 아니면 서민을 나락으로 떨어뜨리는 毒인가요?

A 여러분의 30대 시기 투자성적은 어떠셨나요. 제 얘기를 하자면 저는 20대 말부터 기업금융부(법인대부계)에서 실무생활을 했기 때문에 제가 직접 핸들링한 기업도 많았고 이들 기업은 거의 대부분 상장기업과 거래했기 때문에 채무상환이행도를 높이기 위해서라도 그들의 거래기업(대부분 상장기업)을 공부하지 않을 수 없었습니다. 잘나가는 기업금융부의 직원이었고 여기에다 지식흡수력이 누구보다 빠른 저는 기고만장했습니다. 모아놓은 돈이 없으니 레버리지는 당연한 필수 코스였습니다. 돈에 대한 욕망과 성공에 대한 집착도 가장 높은 시기였습니다. 문제는 돈을 까먹을수록 레버리지에 대한 기대치는 더 높아져 결국에는 그해 시장이 급락하면서 손절매도 못하고 제 인생에서 지울 수 없는 초라한 투자성적표를 받고 말았습니다. 나만 그런가 하고 둘러보

니 동료 대부분이 그렇더군요. 저의 경우는 최악의 상황에서 발생한 것이니 이를 일반화할 의도는 없습니다. 다만 각종 투자관련 자료에서 볼 수 있듯이 지력이 높은 30대보다 경험치가 높은 50대, 60대의 투자레코드가 높게 나오는 것은 사실입니다.

레버리지의 크기와 비례해 리스크가 커지는 것이 투자시장의 속성입니다.

시장 가격은 다양한 요인으로 인해 변동합니다. 이것을 예측하는 사람은 세상에 존재하지 않습니다. **시장의 변동으로부터 오는 위험을 최소화시키는 방법은 역설적으로 레버리지를 최소화하는 투자를 하는 것입니다.** 이는 시장의 불투명이 커질수록 더 효력을 발휘합니다. 지금 하는 얘기가 듣기에 따라서는 너무 교과서 같은 말의 반복 같지만, 세상의 모든 진리는 상식적이고 교과서에 나오는 얘기들입니다. 제가 앞글에서 말한 취지는 레버리지가 나쁘다고 말하는 것이 아니고 시장이 불투명할수록 환금성이 크게 떨어지는 물건에 과도한 레버리지를 이용한 투자는 자제해야 한다는 것입니다.

주변을 보면 레버리지효과를 노리고 빚을 내 투자하는 사람들이 많습니다. 돈의 여유가 있어도 합법적으로 세금을 회피하기 위해서 또는 부동산 상승기에 투자효과를 선점하기 위해서라도 내 집을 마련하는 데 적정한 대출은 필요한 부분입니다.

이를 부정적으로 보는 사람이 오히려 이상한 것입니다. 그러나 부동산시장에 악재가 산적해 있는 상황에서조차 레버리지로 돈을 벌었다고 하면 여러분은 그 말을 믿겠습니까. 저는 믿고 싶지도 않으며, 믿기지도 않습니다. 시장의 변동성은 이미 인간의 지력을 초월하였습니다. 이러한 시대에 레버리지로 돈을 번 사람은 두 가지 정도로 압축되는데, ①실탄이 충분히 준비된 사람이거나 ②시장의 변동성을 극복할 만한 엄청난 능력의 사람이거나 둘 중 하나입니다.

하지만 현실을 보면 대부분의 사람들은 시장에 대한 기본지식도 갖추지 못한 상태입니다. 그런데도 매우 적은 투자금을, 즉 레버리지를 이용해 부자 된 사람들이 많은 것처럼 보이는 이유는, 투자에 성공한 소수의 사람들이 책을 통해 부동산투자의 장점만 부각시켰기 때문이고, 성공한 사람들의 이야기가 부풀려져 소문처럼 퍼져나갔기 때문이라고 생각합니다. 투자에 성공했다는 사람은 많은데 자신 있게 통장을 공개하는 사람이 없는 것을 보면, 성공 스토리가 사실보다 과도하게 부풀려져 있다는 생각을 버리지 않을 수 없습니다.

시장은 고만고만한 실력의 사람들에게 이익을 보장하는 곳이 아닙니다. 누구나 쉽게 예측할 수 있는 곳도 아니죠. 그러니 다니엘 카너먼(Danial Kahneman, 심리학자이면서 경제학자로 2002년 노벨경제학상 수상, 그는 '손실회피 심리' 이론에서 시장에서 인간의 의사결정은 꼭 합리적이거나 이성적으로 이뤄지지 않는다는 사실을 입증했다. 보통 사람들은 손실이 난 아파트를 팔지 못하고 가격이 매입가를 회복할 때까지 기다리는 심리가 있다. 인간에게는 이익보다는 손실에 민감하게 반응하여 가급적 피하려는 심리가 있기 때문이다) 같은 심리학자가 주류경제학자에게만 주어지는 노벨경제학상을 받은 것이 아니겠습니까. 따라서 절대적으로 임금소득이 낮은 사람이 레버리지를 이용해 부자가 될 수 있다는 말은 소수에게나 해당되는 드문 예라고 생각합니다. 보잘것없는 일천한 경험으로 성공을 일반화해서는 안 됩니다. 떠도는 풍문이 의도치 않게 많은 이들에게 허상을 심어주고, 결과적으로 피해를 보는 사람들을 양산해낼 수 있기 때문이죠. 이처럼 실현 불가능한 허상이 시장에 넓게 퍼져 있는 것이 사실입니다.

다만, 임금소득이 꾸준한 사람이 남들보다 탁월한 투자능력을 발휘하여 같은 소득의 사람들보다 잘사는 것은 가능하다고 생각합니다. 그러나 거기까지죠. 절대소득이 적은 사람이 개인의 능력으로 부자가 되기란 무척이나 어려운 일입니다. 동시대를 사는 다른 사람들이 바보가 아니기 때문입니다. 경제는 지식이 기반이 되어야 하지만 투자는 상식입니다. 따라서 뒤처진 사람이 앞선 사람을 경주에서 추월하기란 여간 어렵지 않습니다. 이런 생각을 갖고 있어야만 그동안 애써 모은 자금을 잃지 않을 수 있습니다. 자신이 감당할 수 있는 크기보다 부풀렸다가는 낭패를 당하기 쉽습니다.

따라서 저는 투자에 레버리지를 활용하는 방식은 시장상황을 봐가면서 적절하게 대응해야 한다고 생각합니다. 어떤 경우에도 지나친 것은 독으로 돌아옵니다. 욕심은 늘 화를 부르기 십상입니다. 특히 요즘처럼 가계부채가 위험수위에 달한 상태에서는 레버리지투자를 더더욱 지양해야 한다고 생각합니다. '남들이 하니까 나도 한다'는 좋은 생각이 아닙니다. 그들과 함께 바다에 침몰하지 않으려면 안전을 제일로 삼아야 합니다.

Q 문재인정부가 출범했습니다. 신정부가 들어서면 부동산은 하락을 피할 수 없을 것이라는 의견이 대세였는데, 막상 뚜껑을 열어보니 시장은 반대로 가고 있습니다. 정부의 정책은 시장에 어떤 영향을 미치고, 정부가 펼치는 부동산정책은 효과를 발휘할까요? 정부정책에 대한 종합적인 의견을 듣고 싶습니다.

A 대한민국 부동산은 인간의 탐욕과 욕망이 적나라하게 드러나는 곳입니다. 새 정부가 들어서고 강력한 부동산 규제정책을 실시할 것으로 예상되었죠. 그러나 시장은 이를 비웃기라도 하듯 핵심권역 내의 분양아파트, 재건축 단지를 중심으로 가격 상승세는 멈추지 않았습니다. 그러자 정부는 그들의 표현대로 매우 강력한 규제대책인 8.2 부동산대책을 들고 나온 것이지요.

부동산시장에 대해서 많지 않은 경험을 가진 사람이 부동산 정책을 좌지우지하는 국토교통부 장관이 되었습니다. 그는 취임일성으로 아주 식상한 레소틱으로 부동산 투기세력을 근절하고 부동산시장의 질서를 왜곡하는 다주택자 투기세력에 재갈을 물리겠다고 일갈하였습니다. 과연 그가 말하는 대로 부동산시장이 움직일까요? 부동산시장에서 시장 질서를 어지럽히는 존재는 항상 정부였다는 사실을 그가 인식하기를 바랄 뿐입니다. 자신의 말 한 마디의 힘이 시장을 이길 수 있다고 생각하는 것은 시장을 매우 잘못 보고 있다는 증거입니다.

결론적으로 정부는 장기적 관점에서 일관되게 정책을 실행함으로써 시장에 믿음을 줘야 함에도 불구하고 시장변화에 따라 냉탕과 온탕을 오가는 땜질정책을 무한 반복하고 있을 뿐입니다. 이런 정부의 정책에 진보니 보수니 하는 정치적 색깔을 입히는 것은 본질을 왜곡하는 것입니다. 정치는 노코멘트하고 경제 부분만 놓고 보자면 부동산정책을 주도하는 우리나라의 관료들은 태생적으로 친시장적인 사람들입니다.

현재 부동산시장은 정부 정책과 관계없이 미국발 금리인상 가능성이 현실화되는 시점에 와 있고, 사상 초유의 가계부채 급증을 통제하기 위해 분양아파트 집단대출 규제, 인구절벽시대 진입으로 인한 내수경기의 침체 등의 영향으로 악재가 산적해 있습니다. 재개발초과이익환수제도의 부활, 분양아파트 전매제한, 다주택 보유자들을 대상으로 하는 보유세 강화정책은 정부가 시장상황에 맞춰 임기응변으로 대처할 것임으로 시장에서 상수는 아닙니다. 문제는 우리가 시장에 대응하는 방법은 과거나 지금이나 팩트 중심의 합리적 이성적 판단으로 투자를 결정하는 것이 아니라는 점입니다.

왜 우리가 합리적으로 의사결정을 하지 못할까요? 그 이유를 생각해 봅시다. 시장에서 인간의 소비행동은 대부분 이성적이지도 합리적이지도 않습니다. 상승장이 오면 집단최면, 집단 동조화의 늪에 빠져 그 끝이 보이는데도 그 행렬에 끼지 못하면 큰일이라도 나는 것처럼 막차를 타고, 반대로 위기가 찾아오면 그 위기의 본질이 무엇인지 모르고 우량자산까지 헐값에 처분하는 일을 반복합니다. 시장에서 인간의 감정행동은 아직도 과학적으로 검증할 수 없지요. 이제 주류경제학에서도 시장에서의 인간의 행동을 규정지으며 "인간의 감성은 거대한 코끼리이고 인간의 이성은 초라한 조랑말"이라고까지 말하고 있습니다.

니호프 데브라Niehoff Debra는 저서 『The Biology of Violence』에서 "인간의 뇌와 기능을 면밀하게 들여다보면 인간은 형이상학적 존재가 아닌 생물학적 존재이며 욕망의 노예다. 탐욕과 욕망에 지배되는 인간은 나약한 존재다. 어쩌면 무가치할 수도 있는 먼지 같은 존재에 불과하다. 우리는 이성적으로는 탐욕을 배제하자고 하면서도 그 탐욕의 늪에 빠져 생이 끝나는 순간까지 그 손을 놓지 못하는 존재"라고 말합니다.

탐욕이 신념이 되고 이것이 잘살고 있다고 믿는 것이 과연 올바른지 생각해 봐야 합니다.

부동산시장을 둘러싼 환경은 최악의 상황으로 돌진해 가는데, 나만 간절히 원하기만 하면 모든 소망이 이루어질까요? 이 말이 맞다면 가난한 사람들은 부를 간절히 원하지 않았기 때문에 부자가 될 수 없다는 결론밖에 나오지 않습니다. 간절히 원하면 우주가 당신의 소원을 들어준다는 『시크릿』에 나오는 얘기처럼 무한 긍정주의의 가장 큰 폐해는, 더 큰 책임을 져야 할 이들에게 책임을 묻지 않고 가장 약한 자들이 그 고통을 나눠 지게 한다는 것입니다.

당신이 갭투자로 수십 채의 집을 갖게 됐다면 그 누군가는 당신으로 인해 피해자가 됩니다. 가능하지 않는 희망을 남에게 강요하는 것은 그를 더 고통에 빠뜨리는 일입니다. 개인의 성공담을 일반화시키는 일은 그래서 위험하죠. 실제로 종자돈이 전무한 대학생들마저 빚을 내 이 투기판에 동참하고 있다고 합니다.

갭투자는 매매가와 전세가의 차이가 적은 지역의 아파트를 대상으로 합니다. 갭투자로 실수요자가 아닌 투기세력으로 인해서 매매가가 오르면 지역 내 주택 가격은 왜곡되고 이는 실수요자 중심의 서민들만 피해를 입게 됩니다.

부동산 가격 상승으로 이익을 보는 자는 누구입니까? 집 없는 서민 실수요자는 아닙니다. 부동산 상승으로 가장 많은 이익을 얻는 자들은 불행히도 국민 다수가 아니라 건설회사, 소수의 다주택 보유자들입니다. 그런데도 정부는 시장이 침체에 빠지면 그들의 편에서 그들의 이익을 위해 경제 살리기라는 명목으로 시장 규제정책을 폐기해 버립니다. 여기서 그치는 것이 아닙니다. 각종 인센티브 정책을 신설해서 투자를 망설이는 사람들까지 집을 사게 만듭니다. 건설사만 살판났죠. 2014년~2016년 정부의 규제 완화책으로 경영실적이 올라간 상장 건설사의 주가는 크게 올랐습니다. 이 흐름에 한발 걸친 다주택 보유자, 전매차익을 노리고 분양아파트 매입에 나선 사람들도 이익을 봤습니다.

지난 10년 부동산시장 침체의 직접적 원인이 되었던 2008년 서브프라임모기지론 파산으로 발생한 금융위기는 미국 월가를 쑥대밭으로 만들었습니다. 그러나 금융위기의 주범인 월가의 메가뱅크들은 미국 국민이 낸 3,000억 달러에 이르는 공적자금으로 되살아났습니다. 웃기지 않습니까. 금융위기는 월가의 탐욕적인 메가뱅크들이 주범인데, 그 피해의 대상자인 주주, 시민들이 낸 세금으로 되살아났다는 것이.

이를 두고 누리엘 루비니Nouriel Roubini는 "사회주의는 정말이지 미국에서 가장 잘 실현되고 있다. 그러나 이는 부자와 소위 '빽' 있는 자, 그리고 월스트리트를 위한 사회주의다. 이 사회주의는 이윤을 사유화하고 그들의 탐욕으로 벌어진 손실마저 국민의 세금으로 보존해준다"라고 말합니다. 루비니는 자본주의가 고도로 발달했다는 미국이라는 나라에서, 정부가 사회주의 국가처럼 시장에 개입해 과도하게 기득권자의 이익만을 위해 정책을 실행하는 행태를 비웃고 있습니다.

2000년 초는 우리나라뿐 아니라 전 세계적으로 풍부한 유동성이 부동산으로 몰려 부동산 버블이 만개하던 시대였습니다. 우리나라의 경우는 국토균형개발 아젠다, 구도심에 대한 대대적인 뉴타운, 재개발로 인해 하루 자고 나면 신고가를 다시 써야 하는 부동산 가격 빅뱅의 시대가 부동산 폭락 시점까지 꽤 긴 기간 이어졌습니다. 산이 높으면 계곡이 깊다는 말처럼 버블 붕괴의 후유증은 매우 심각했습니다. 핵심권역이라는 강남의 아파트도 그 후유증으로 중대형아파트는 겨우 이전의 가격을 회복중이고, 같은 강남권이라고 해도 강동구의 대형아파트는 평균가격이 전 고점에 미치지 못하고 있습니다.

2008년 시작된 금융위기가 발생하면서 지난 10년간 우리나라 부동산시장은 침체를 거듭해 왔습니다. 말은 침체라고 표현하지만 실상은 비정상의 부동산시장이 정상을 찾아가는 과정이었다고 봐야 합니다.

그러나 전 정부는 건설경기를 촉진시켜 경제를 부흥시킨다는 토건족의 발톱을 드러내며 2014년에 노골적인 부동산 규제 완화 정책을 폈습니다. 그 결과, 국내 가계부채 총량은 GDP 대비 1.5배에 이르고 있고, 미국발 금리인상이 현실화된다면 과다한 가계부채로 인해 부동산시장이 황폐화되는 것은 시간문제입니다.

저금리로 갈 곳을 잃은 돈들이 부동산, 주식으로 몰려들고 있습니다. 이 버블화된 시장에서 가장 공격적인 투자를 하는 사람들은 누구입니까? 여유자금 없이 유동장세에 기대어 한방을 노리는 청년층, 저금리로 인해 노후준비가 막막한 60, 70대 등 우리 사회의 약자라는 사실이 우리를 우울하게 만듭니다.

부동산시장의 침체기로 기록되고 있는 2008년 하반기부터 2014년 초까지 부동산은 사는 것(Buying, 투자의 대상)이 아니라 사는 곳Living이라는 것이 시장의 설득력을 얻어가는 중이었습니다. 전세가 폭등도 주택 가격의 미래를 비관적으로 본 수요층이 매입 대신 전세로 몰렸기 때문에 발생했습니다. 이렇게 시장이 정상의 흐름을 찾아가는 와중에 이 물꼬를 바꾼 주체는 바로 정부였습니다. 문재인정부의 강력한 부동산정책이라는 8.2 부동산대책은 그 한계가 분명합니다. 정부 입장에서는 일단 급한 불부터 끄고 보자는 생각으로 발화지점으로 지목된 다주택자에 대한 양도세율 인상, 투지과열지구 재건축단지를 겨냥한 조합원 지위양도금지 대책으로 우선 시급한 불을 껐다고 안도하겠지만 이것만으로 정부 정책이 부동산시장을 쥐고 흔들 수는 없습니다.

다주택자에 대한 보유세 누진적 할증 없이 그들이 정부의 의도대로 양도세를 회피하기 위해 집을 내다 팔 가능성이 있을까요. 정부는 8.2 부동산대책에도 불구하고 집값이 잡히지 않으면 보유세 카드를 내놓을 것이라고 엄포를 놓고 있습니다. 그러나 보유세 인상 카드를 엄포용으로 행사하기 이전에 보유세는 부동산시장의 가격을 왜곡시키는 주범인 2주택 이상 다주택자가 당연히 세금으로 내야 할 부분입니다. 이래야 부동산시장에서의 정의가 실현되는 것 아니겠습니까.

지금 부동산시장에서 이보다 시급한 문제는 기울어진 부동산시장을 바로잡는 제도적인 노력을 하는 것입니다. 부동산시장 한쪽에서는 막대한 임대수익을 세금 한 푼 안 내고 누리는 세력이 있는 반면 또 절대 다수를 차지하는 청년 노인 신혼부부 등의 세입자들은 멈춤이 없는 월세 상승으로 주거환경이 현저하게 악화되고 있습니다. 우리나라는 가진 자들이 부동산을 이용해 먹고살고 부까지 축적하는 지대사회로 이미 진입해 있습니다. 이를 비도덕적이라 비판하고 싶지는 않습니다. 그러나 부의 균형이 깨진 사회는 절대 행복한 사회로 나아갈 수 없습니다. 정부가 부동산시장에서 반칙을 일삼는 세력들에 대해 재갈을 물리는 정책은 필요합니다. 하지만 정부의 부동산정책이 냉탕과 온탕을 들락날락 하면서 시장에 믿음을 주지 못한 것이 집값 상승의 근본 원인이었다는 사실을 먼저 깨달아야 합니다.

Q 향후 투자할 만한 지역이나 부동산 분야로는 무엇이 있을까요? 저자님의 의견을 듣고 싶습니다.

A 대한민국 부동산시장은 한마디로 말하자면 정상이 아닙니다. 정상적이지 않은 시장에서 평정심을 유지하고 이성적으로 말한다고 해서 결과가 달라지지 않습니다. 서울 부동산은 서울에 있다는 존재감만으로 호재가 되는 세상이 되어 버렸습니다. 서울 부동산은 지역이 어디든 그것이 아파트건 재건축 단지건 구도심의 낡고 허름한 단독주택이건 별 의미가 없습니다. 모두 다 핵심지역이고 동반 상승하는 특징을 공유하기 때문입니다.

　혹시 주식에 투자하고 있습니까? 2017년 초부터 주식시장에서 펼쳐진 유동장세로 주가가 많이 올랐습니다. 그런데 주가 상승으로 인한 시세차익을 소수의 기업이 독점하다시피 하고 있습니다. 이를 주가의 양극화 현상이라고 부릅니다. 부동산시장도 같은 흐름을 보이고 있습니다. 부동산이 올랐다고 하는데 정작 이를 체감하는 사람은 많지 않습니다. 부동산시장의 지역

간, 상품 간에 깊어진 양극화 현상 때문입니다.

　서울 부동산은 아파트만 오른 것이 아닙니다. 서울 역세권이 아니더라도 독신자 거주비율이 높은 지역의 원룸형태로 지어진 실평수 5평에서 10평 미만의 다세대 주택의 매매가가 1억에서 수억원을 호가합니다. 그래서 서울에서는 연건축면적 100평 정도에 원룸이 10개 있는 다가구, 다중주택 소유자는 매달 받는 월세만 최소한으로 잡아도 500만원이 넘습니다. 서울 소재 원룸의 월세 대비 주거환경은 전국 최악의 수준입니다. 서울에서 실평수 5평 정도의 원룸 월세 낼 돈의 반값으로 서울 전철이 들어가는 천안권에 방을 얻으면 최신 건물의 완벽한 풀옵션에 인터넷까지 무료인 10평 원룸에 살고도 남습니다. 물론 이런 비교가 얼마나 무의미한지는 저도 잘 알고 있습니다. 사람들은 서울로만 몰려듭니다. 서울은 이미 만원입니다. 서울 인구 1000만 명에 인천 300만 명, 경기도 13백만 명을 합하면 우리나라 인구의 절반이 이 좁은 수도권에 모여 사는 것입니다.

　세계의 국가 중에서는 그나마 우리나라와 인구밀도가 비슷한 유럽국가 27개 국 통틀어서 인구 200만 명이 넘는 도시는 런던, 베를린, 마드리드, 로마, 파리 등 다섯 개 도시뿐입니다. 그 중에서도 인구가 800만이 넘는 도시 런던을 빼면 런던 다음으로 인구가 많은 베를린도 인구가 350만 명입니다. 유럽 27개국의 총 인구수는 5억 300만 명입니다. 우리나라와 비교해 10배 이상 많습니다. 이것과 비교하면 우리나라는 비정상이 맞습니다.

이런 판국이니 인구절벽의 시대로 접어들었다고 호들갑을 떨어도 서울 수도권과는 무관한 일이 되는 것입니다. 고속철도망의 전국화로 부산, 목포까지 2시간 이내로 가는 세상에 서울 수도권으로의 집중현상은 더 가속화되고 있습니다. 부동산 버블 시기에조차 서울에서 대표적으로 소외지역으로 분류됐던 소위 노동강(노원, 도봉, 강북 3구) 지역에서 노원구와 서울 서부권의 강서구는 8.2대책으로 투기과열지구에서 투기지역으로 재지정되어 부동산 규제를 가장 많이 받는 지역 중 하나가 되었습니다.

이제 서울은 지역 불문하고 한 개인이 편히 쉴 만한 단 한 평의 여유 공간도 허락되지 않는 곳이 되어 버렸습니다. 서울 아파트는 해당 지역에 놀랄 만한 호재가 발생하지 않는 한 지역 간 가격동조화 현상이 두드러질 것입니다. 예를 들어 강남이 오르면 모든 서울 지역이 따라 오르는 것이지요. 아파트시장만을 놓고 볼 때 앞으로 어느 지역이 오를 것인가 하는 문제는 별 의미가 없을 것 같습니다. 깊어가는 양극화 현상으로 오를 곳은 이미 정해진 것이니까요. 기존의 강남 3구와 강남권에서 최근에 개발된 위례신도시, 서초구

내곡지구, 강남구의 세곡 자곡 지구 등의 수서개발 수혜지역, 개발역사를 다시 쓰고 있는 한강개발축선상의 용산 한남 성수 지구, 강남권에 인접한 하남미사 신도시 등이 될 것입니다.

서울 이외의 수도권지역 중에서는 수도권 광역급행철도GTX, 서울지하철 연장구간(신분당선, 5호선 하남연장 구간), 경강선(판교-여주 구간), 김포도시철도 개발로 서울로의 이동시간이 크게 단축되는 도시들인 파주운정신도시, 일산신도시의 킨텍스역(개발예정) 주변의 주엽동, 대화동 일대, 동탄2기 신도시, 남양주시의 별내 평내 호평지구, 송도 청라 국제신도시, 광교신도시, 경기도 광주시, 이천시 일대, 김포한강신도시 등이 호재지역이 될 것입니다.

정부 규제가 아니더라도 앞으로 부동산이 오를 가능성이 크지 않습니다. 언론에서 보도되는 기사에 민감하게 반응하지 않았으면 합니다.

마지막으로 부동산 투자에 나서는(혹은 관심이 큰) 청년들에게 하고 싶은 말이 있습니다. 제가 그들의 고통을 온전히 느낄 수는 없겠지만, 그들의 고민과 어려움을 이해하고 그들의 입장에 서고자 합니다. 경제가 성장해도 양질의 일자리를 못 만드는 시대에 임금의 왜곡으로 청년들의 고통이 가중되는 시대입니다.

그렇다고 해도 절망에 빠져 도박하듯이 투자시장에 진입해서는 안 됩니다. 정의롭지 못한 임금정책, 비정규직 문제는 사회연대로 함께 풀어가고, 투자는 자신이 감당할 수 있는 범위 내에서 해야 합니다. 인생은 청년들이 생각하는 것 이상으로 깁니다.

부동산은 환금성이 가장 많이 떨어지는 투자상품입니다. 여유자금이 없는 사람이 공격적인 방식으로 과도하게 빚을 내서 투자한다는 것은 스스로 불확실성이라는 불기둥에 목숨 걸고 뛰어드는 행위입니다. 이런 방식으로 투자했다가 적정 시점에 매매가 이뤄지지 않으면 보유기간 동안에 금융비용은 증가하고 투자의 선순환 고리가 끊어져 한 순간에 모든 것을 잃게 될 수 있습니다.

세상의 정의는 별것이 아닙니다. 자신의 이익을 위해 반칙하지 않는 것, 공동체의 행복을 해치지 않는 것이 바로 정의라고 믿습니다.

저는 개인이 스스로 노동행위를 통해 그 보상의 대가로 받는 근로소득이 부의 원천이라고 믿습니다. 개인이 특별히 게으르거나, 자연재해로 인해 가난에 빠진 것이 아니라면 이것은 임금의 정의가 왜곡된 결과에서 발생하는 문제이지, 그가 재테크를 못해서 발생하는 문제는 아닙니다.

훗날 우리가 사는 시대를 후세들은 결핍의 시대로 정의할 것입니다. 해방 후 국가경제는 360배나 성장했지만 개인은 행복하지 않습니다. 부의 양극화가 가져온 병폐죠. 돈이 삶의 전부는 아닙니다. 우리는 남을 지나치게 의식하면서 삽니다. 정작 그러면서 내 자신이 만족하는 생활이 무엇인지도 모르죠. SNS 활동을 통해 수백 명의 아는 사람이 있다고 해서 만족하십니까? 그 많은 사람을 관리하면서 내 자신은 힘들고 병들어가지 않던가요?

부자의 기준도 다르지 않습니다. 내가 부족하지 않고 내 생활이 편하면 그뿐, 얼마 이상의 돈을 가져야 부자라는 기준은 무의미합니다. 투자도 자신의 삶을 찾아가는 여정 중의 일부일 뿐입니다. 이것이 내 삶을 지배할 수는 없습니다. 우리는 어떠한 순간이 찾아와도 우리를 더 사랑해야 합니다.

너무 거창한 말로 들릴지 모르겠지만, 돈을 지배하는 것은 내 인생의 주인공인 '나'입니다. 내가 돈에 지배당해서는 안 됩니다. 사는 것 자체가 고행이라지만 무엇을 하든, 내 인생의 행복이 1%라도 플러스되는 일상을 살아야 합니다. 그러기 위해서 먼저 정부 정책이 사회적 약자의 편에서 집행되었으면 합니다. 이것이 현실에서 가능하지 않다는 것을 알면서도 기대를 하지 않을 수 없습니다. 이것이 소위 꼰대로 불리는 우리 세대가 미래세대를 위해 할 수 있는 최소한의 양심이기 때문입니다. 여러분, 끝까지 행복한 세상을 포기하지 맙시다.

차례

1부

다가오는 3년,
대한민국 부동산이 요동친다

2부

내 집,
사야 하나? 말아야 하나?

3부

수익성부동산,
끝날 때까지 끝난 것이 아니다

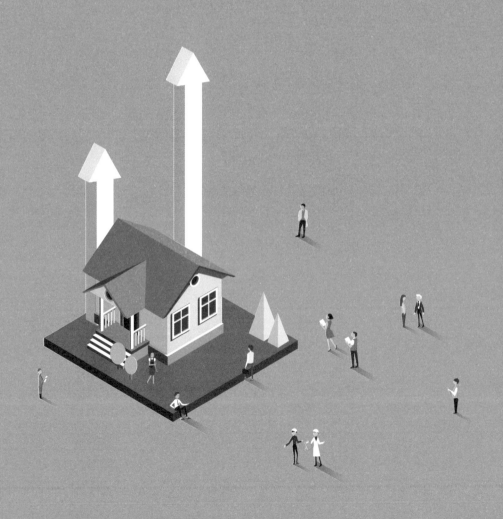

다가오는 3년,
대한민국 부동산
이 요동친다

1

다가오는 3년,
대한민국 부동산 시나리오

우리나라에서만 발생하는 특이한 현상 중의 하나는 정권이 바뀌면 전 정부가 추진했던 정책들이 대부분 폐기되고 다시 수립된다는 점이다. 그중 대표적인 정책이 바로 부동산이다. 그리하여 새 정부가 들어서면 어김없이 부동산 관련 정책이 바뀌고 시장은 혼돈에 빠진다. 지금 부동산시장에서 보이는 모습은 그 연장선에 있다. 새 정부 출범 후 다가오는 3년, 대한민국 부동산시장의 전망이 그래서 더 궁금하다.

그런데 왜 다가오는 3년일까? 대답은 간단하다. 새 정부가 출범하고 3년이 지나면 새로운 정책이 나오기 힘들고, 나오더라도 시장에서 힘을 발휘하기 어렵다. 다음 정부에 대한 기대감이 형성됨과 동시에 현 정부는 레임덕에 빠지기 때문이다. 따라서 정부 출범 후 3년이 지금 이 시기에 우리가 봐야 하는 미래의 핵심이다.

새 정부 출범 이전까지 부동산시장의 상승을 견인해온 재료는 전 정부의 부동산 규제 완화책도 한몫 거들었지만 그보다는 저금리가 계속되면서 상대적으로 풍부해진 시장의 유동성이 부동산시장에 몰려 연출된 전형적인 유동장세에 힘입은 바 크다. 투자의 격언 중에는 이런 말이 있다. "시장에서 가장 큰 장은 유동장세다."

부동산은 소액으로 투자할 수 있는 금융상품과 다르다. 부동산시장이 제아무리 꽃피는 춘삼월 시절이 왔더라도 여유자금이 없는 사람에게는 그림의 떡이다. 그런데 기준금리 1% 시대로 진입하면서 여유자금이 부족한 사람들도 부동산투자 대열에 합류하기 시작했다.

어떻게 돈 없는 사람들이 부동산투자를 할 수 있었을까. 답은 많은 이들이 이미 알고 있는 내용이다. 저금리로 인한 대출금리의 하락, 주택담보대출의 완화로 레버리지에 대한 기대감 상승, 이전 정부의 분양권전매 전면 허용, 분양가상한제 폐지 등 전폭적인 부동산 규제완화정책이 그들을 부동산시장으로 이끈 힘의 원천이었다. 분양아파트 당첨이 바로 분양권전매로 이어져 단기차익으로 돈을 벌 수 있는 환경이 조성되었는데 누가 마다하겠는가.

그런데 시장이 변했다. 부동산 가격 상승을 견인해온 손쉬운 대출, 정부의 규제완화정책이 문재인정부 들어오면서 역전되기 시작한 것이다. 어제의 호재가 오늘의 악재로 뒤바뀌고 말았다. 이전 정부 시절에는 정부가 나서서 '빚을 내서라도 부동산 사재기를 하라'고 부추겼다. 그 결과 부풀려진 가계부채는 이제 역으로 부동산시장을 압박하고 있다. 지금부터 한국 부동산시장은 가계부채라는 언제 터질지 모르는 폭탄을 등에 지고 금리인상이라는 산을 올라야 한다.

투자의 격언 중에서 '쉬어가는 것도 투자의 한 방법'이라고 했지만 우리는 여전히 부동산투자에 대한 목마름으로 가득하다.

경제를 제도 학문화한 사람으로 평가받는 애덤 스미스는 "시장의 가격이라는 것은 보이지 않는 손에 의해 결정된다"고 했다. 경제학자이기 이전에 계몽주의 철학자였던 애덤 스미스는 사람의 선함을 믿었던 것으로 보인다. 그는 선한 사람이 사는 세상에서 시장질서는 방임만 하면 사람들 간의 이성과 조정 능력으로 자연적으로 조화를 이룬다고 하였다. 그러나 어디 인간이 그런 존재인가? 탐욕과 욕망으로 똘똘 뭉쳐 시장의 질서를 깨는 것이 인간이다.

정리해서 얘기하면 인간의 탐욕이 지배하는 시장에서는 최신의 경제지표와 통계자료를 가지고도 시장의 흐름을 예상하기 어렵다. 다만 시장의 흐름에서 감지되는 팩트를 가지고 예상치의 확률을 높일 수는 있다. 이런 관점에서 출발해 향후 예상되는 흐름을 알아보자.

예상 시나리오 1. 금리 폭등으로 부동산시장은 폭락할 것인가?

영화 제작사들은 제작비용의 낭비를 막고 영화가 처음 기획안대로 진행되도록 만들기 위해 콘티를 짜고 이를 영화현장에서 그대로 재현한다. 그런데도 영화는 처음 계획한 대로 완성되지 못한다. 현장에서 예상치 않게 발생하는 사고는 인간의 힘으로 어쩌지 못하는 한계가 있기 때문이다. 그런데 영화제작 현장보다 계량화하지 못할 정도의 복잡성을 갖고 있는 투자시장에서 앞날에 대한 예상 시나리오는 인간의 지력을 뛰어넘는다. 우리는 이런 한계를 안고 현재 많은 사람들이 우려하고 있는 부동산시장의 앞날에 대한 시나리오를 가정해 보고 그 대응 전략을 생각해 보려고 한다.

사람들은 모든 가정이 현실화되었을 때에야 비로소 위기감을 느낀다. 금리 문제도 그렇다. 현재 대한민국 부동산시장을 가장 압박하고 있는 요인은 1,360조원에 이르는 가계부채다. 이 가계부채라는 뇌관은 금리인상이 어느 수준에서 결정될 것이냐에 따라서 언제든 폭발할 수 있는 휘발성을 가지고 있다. 만약 지금의 금리 수준에서 3% 이상 금리가 오른다면 금융비용 부담이 한계에 처해 있는 사람들부터 파산이라는 극한 환경에 몰릴 것이다. 그런데 아이러니한 사실은, 금리 폭등으로 많은 한계가구가 파산해도 그 반대의 위치에서 이를 즐기는 계층이 존재한다는 것이다. 금리 폭등으로 한계가구가 파산해 그들 소유의 부동산이 경매시장에 나오고 급매물건이 쌓이면 여유자금이 충분한 자산가들은 한계가구가 시장에 내놓은 우량자산을 거의 헐값에 쇼핑

하는 기회를 잡게 된다.

우리는 과거 IMF 외환위기와 2008년 당시의 금융위기를 상기할 필요가 있다. 금리라는 것은 국가든 기업이든 또는 개인이 됐든 재무적 위험이 증폭되면 이와 비례해서 오른다. 그러니까 금융위기는 국내 경제 주체들의 재무적 위험을 증가시켜 국내 금리의 폭등을 가져오고 이는 자산가치를 하락시켜 핵심권역의 부동산, 우량기업이 발행한 회사채 할 것 없이 헐값에 투자하는 기회가 된다는 사실이다. 실제 금융위기 때마다 우량자산을 헐값에 사들여 일생일대의 부를 축적한 사람들이 많다. 반면 레버리지효과를 신봉해 과도하게 빚을 내서 투자한 사람들은 기다리면 다시 전 고점을 회복하리라는 믿음이 있어도 압박해오는 빚 부담으로 인해 눈물을 머금고 우량자산마저 손절매에 나설 수밖에 없다.

결론적으로 금리 급등으로 덕을 보는 사람들은 실탄이 충분한 자산가이고 빈털터리가 되는 사람은 항상 뒤늦게 빚내서 추격매수에 나선 서민들이라는 사실이다.

시장은 항상 돌고 돈다. 그러나 분명한 사실은 가격의 변동에 구애받지 않는 자산가들이 더 많은 돈을 번다는 것이다. 정말 다행스러운 점은 현재 거론되고 있는 금리 폭등으로 인한 부동산가격의 급락은 시나리오로 그칠 확률이 크다는 사실이다. 금리 인상설에 대한 의견을 말한다면, 나는 솔직히 앞으로 금리가 오를 것이라는 얘기에 동의하지 않는다. 정부의 정치적 판단에 따라 금리를 인위적으로 올린다 해도 그 폭은 생각보다는 높지 않을 것이고 국내 금리에 큰 영향을 미치고 있는 미국 연준의 금리인상도 시장이 이에 대비할 수준의 정도에서 점진적으로 올릴 것이 확실시 되고 있다. 그러나 어느 수준 정도의 금리는 오를 것이 분명하므로 지금까지 해왔던 레버리지를 적극 활용한 부동산투자는 자제하는 것이 옳다.

우리는 금리가 '오른다 내린다'고 할 때 그 기준이 되는 금리가 어떻게 결정되고 기준금리와 시장금리는 어떻게 다른지도 구분하지 못한다. 부가적으로 이 부분에 대해 정리하고 넘어갈 필요가 있다.

혹자는 한국은행이 발표하는 기준금리가 시장금리를 대표한다고 생각한다. 기준금리는 한국은행의 금융통화위원회에 의해 거시정책의 틀 안에서 결정되는 것으로 정책금리라고 할 수 있다. 따라서 기준금리는 시장의 실세금리를 대표하는 금리가 아니다. 단지 기준금리는 은행이 한국은행에 예치한 RP(환매조건부채권) 7일물을 기준으로 하기에 기준금리의 변동은 즉각적으로 은행의 여수신금리에 영향을 미친다.

시장금리는 국제수지, 환율, 외환의 변동, 개별기업의 재무안정성, 시장유동성 등의 변화를 실시간으로 반영해 결정되는 금리다.

그러니까 기준금리가 정부의 정치적 판단까지 고려한 정책금리라고 한다면, 시장금리는 증권시장 내에서 개별 경제주체들의 리스크 변동으로 발생하는 변화를 즉각 반영하는 금리라고 할 수 있다. **따라서 우리는 금리를 예상할 때 기준금리보다 시장금리를 먼저 들여다봐야 한다. 기준금리는 시장금리의 후행지표라고 할 수 있다.** 정부의 금리 인상에 앞서서 현재 시장금리의 기준이 되는 국고채, 회사채의 금리가 오르고 있는 흐름을 눈여겨봐야 한다. 시장금리는 금리의 선행지표로 시장금리가 오르면 한국은행의 기준금리도 오른다.

시장금리는 상장된 모든 주식, 채권, 유동화증권의 거래와 유통이 이뤄지는 증권시장에서 결정되는 금리로 정부발행 국고채 3년물을 그 기준으로 한다. 예전에는 삼성전자, 현대자동차 등의 우량기업이 발행하는 회사채 유통 수익률을 시장금리의 기준으로 삼아왔으나 현재는 채권의 표준화 전산화가 용이한 국고채 3년물을 기준으로 한다. 따라서 매일 변동되는 주요 시장금리 지표를 투자에 활용할 필요가 있다. 기준금리는 매월 초 한 차례만 발표한다.

본론으로 들어가서 금리는 과연 오를 것인가? 오른다면 인상 폭은 어느 정도일까?

정부는 금리인상에 대한 시그널을 계속 흘리고 있다. 2017년 7월 4일 이주열 한국은행 총재는 ECB(유럽중앙은행) 포럼에서 주요국 중앙은행 총재들과의 회동 후 금융위기 이후 10년간에 걸쳐 초저금리와 대규모 양적완화로 이어진 선진국 통화정책 기조가 변화를 맞이할 것이라고 말했다. 이 말은 기존 선진국의 양적완화정책이 테이퍼링 (양적완화 축소) 정책으로 전환될 가능성이 있다는 얘기다. 현재도 진행 중인 세계적 초저금리 현상은 선진국의 양적완화정책이 만든 결과물이다.

금융위기 이후 10년간 주요 선진국들은 환율전쟁으로 부를 만큼 자국 화폐의 가치를 인위적으로 낮춰 자국에서 생산된 제품 수출을 늘리고 내수경제를 활성화하는 정책을 지속함으로써 세계경제 질서를 왜곡시켜 왔다. 그러나 자국 환율을 인위적으로 높이고 국내 금리를 제로(0)에서 극단적으로 마이너스 상태까지 내려도 경기가 살아나지 않자, 자산을 직접 매입하는 방식으로 시중에 돈을 푸는 양적완화정책을 시행했다. 양적환화정책으로 시중에 과도하게 풀린 돈들은 국내 자산의 가치를 실제 가치 이상으로 버블화했다. 따지고 보면 한국 부동산시장이 내수경제의 불황에도 불구하고 가격이 오른 이유도 세계적으로 진행된 돈(유동성) 잔치의 흐름과 맥을 같이한다.

거품이란 꺼지기 위해서 존재하는 것이다. 그러나 국내의 과도한 가계부채의 현실을 고려할 때 금리를 급격하게 올리지는 못할 것이다. 결론적으로 말해서 우리가 예상하는 것보다 금리는 오르지 않을 가능성이 크다.

예상 시나리오 2. 깊어만 가는 부동산시장의 양극화, 어떻게 대응할 것인가?

사람들은 말한다. 현재 부동산시장을 압박하는 요인은 금리, 정부의 뒤바뀐 부동산정책, 인구절벽으로 인한 내수경제의 침체라고. 나는 이 말을 부인한다. 앞에서 거론한 얘기들은 이미 시장에 다 노출된 카드로 시장의 변수가 아니다. **지금 한국 부동산의 문제는 인구절벽 현상에도 불구하고 지역별 인구 비대칭성의 심화, 이로 인한 수도권과 비수도권 간의 깊어지는 가격 양극화의 문제와 독신가구의 급증으로 인한 임대주택 시장의 급성장에 있다.**

서울 부동산은 서울에 있다는 자체가 호재가 되는 세상이다. 강남 3구에만 해당되는 말이 아니다. 서울에서 가장 고지대가 많은 관악구 봉천동, 신림동의 고지대 마을은 진입도로의 급경사로 걸어서는 도저히 올라갈 엄두가 안 나는 곳까지 일반주택이 빼곡하게 들어서 있고, 산 정상에는 고층아파트가 버티고 있다. 한 사람이 쉬어갈 수 있는 단 한 평의 공간도 허락하지 않는다. 지방의 대규모 아파트단지와 비교해 주거시설이나 녹지 비율, 생활편의시설이 형편없는데도 집값은 비교조차 할 수 없을 만큼 높다. 그래서 서울공화국이다. **서울은 이미 만원이다. 이제 경기도가 서울을 대체하고 있다.**

2017년 3월 기준으로 경기도 인구는 1,312만 명으로 서울시 인구 1,019명보다 약 292만 명이 많다. 경기도와 서울 인구를 합하면 2,331만 명이고 인천시 인구 300만 명(2016년 10월 7일 기준 인천 시 인구 2,999,160명)을 합하면 대한민국 총 인구 5,174만 명의 절반 이상이 수도권에 거주한다. 전국적으로 인구는 계속 줄고 있는 반면 수도권 인구 집중현상은 더 심해져 간다. 2011년 경기도의 인구는 1,179만 명이었지만 2015년 1,289만 명으로 100만 명 이상 증가했다. 지금도 경기도 인구는 매년 증가하고 있다. 부동산시장에서 인구는 시장의 수요와 직결된다. 2기신도시의 주요 거점 신도시인 판교, 광교, 동탄 신도시의 부동산 가격이 지속적으로 오르고 있는 이유도 수도권 인구 집중현상과 관련이 깊다. 인구절벽 현상으로 인구는 감소하고 있지만 수도권 인구는 꾸준히 늘고 있는 것이다.

이 현상이 우리에게 알려주는 시그널은 앞으로 수도권과 비수도권 부동산시장 간의 양극화는 더 깊어질 것이며 이는 일종의 패러다임현상으로 자리 잡게 되리라는 사실이다. 패러다임을 한마디로 정의하면 이렇다. "머물면 도태될 것이고 변해야만 산다."

2017년 최저임금이 사상 최고인 16.4%로 인상되면서 시간당 임금이 2016년 6,470원에서 7,530원이 되었다. 최저임금 인상을 두고 보수 쪽에서는 이제 최저임금이 9급공무원 기본급보다 많아졌고 영세상인들은 차라리 폐업하고 알바를 뛰는 편이 낫다는 볼멘소리까지 나온다. 참 웃기는 얘기다. 비정규직 하청직원 임금을 쥐어짜서 얻은 수백조원에 이르는 대기업의 곳간 여윳돈을 생산의 주체인 근로자에게 일부 돌려줘 내수경기가 진작되고 450만 명에 이르는 근로자의 삶이 아주 적은 부분이나마 행복해진다면 국가적으로 이처럼 잘한 일이 어디 있는가. 이는 내수활성화에도 기여하는 일이다. 가처분소득이 적은 저임금노동자들은 소득에 비해 지출이 많다. 왜 우리는 항상 사회적 약자에게 쓰는 돈은 투자가 아니라 비용으로만 생각할까. 나부터 반성해본다.

최저임금 인상으로 어려워진 영세상인들은 국가가 재정을 투입해 피해를 최소화할 필요가 있다. 내수경기 침체로 가장 피해를 보는 집단이 영세상인이다. 그런데 최저임금 인상에도 불구하고 그 피해가 거의 없는 집단이 바로 부동산 임대업자들이다. 이를 두고 웃어야 할지 울어야 할지 포지션을 정하기가 쉽지 않다. 아무튼 사업에 따른 위험부담이 적고 수익률은 상대적으로 높은 곳에 사람들의 투자는 몰리기 마련이다.

지금 대한민국에서 개인 사업자가 가장 많이 몰리는 업종이 부동산 임대사업자다. 부동산 임대업은 모든 업종 중에서 매출액, 영업이익이 가장 많이 발생하는 사업이다. 안타까운 일이지만 대한민국은 부동산으로 먹고사는 사람이 부자가 되는 지대사회로 이미 들어왔다. 투자 안정성도 높고 노동수고에 비해 고수익을 창출하는 사업이 바로 부동산 임대업이다. 부동산 임대업은 수천만원의 종자돈만 있어도 사업자를 낼 수 있다.

사업체별 매출액 및 영업이익 증가율(기간: 2010년~2015년, 단위 %)

업종	매출액	영업이익
농림어업	−15.0	16
도 소매업	17.2	−16.6
부동산 임대업	42.5	87.7
숙박 음식점	38.5	−17.2
제조업	−8.7	−38.4
전기 가스 수도	−5.7	128.7

(자료: 통계청, 2015년 기준 경제총조사 확정 결과)

사업체별 매출액 및 영업이익 증감률 자료를 보면 왜 어른 아이 할 것 없이 장래희망으로 건물주를 떠올리는지 실체가 와 닿는다. 건물을 세내어 장사를 하거나 임대로 사는 사람의 고통이 가중되는 세상에서 건물주만 돈을 버는, 그래서 작건 크건 전 국민이 건물주가 되기를 소망하는 나라에서 우리는 살고 있다.

내수경기의 침체와 힘께 청년실업이 증가하고 있지만 부동산 임대사업자는 2015년 기준으로 141만 5천 명으로 2위인 개인 도소매업자 130만 5천 명보다 10만 명 이상 많았다. 사람들이 부동산 임대업에 몰려들고 있는 이유는 성장성과 수익성에서 다른 업종을 압도하고 있기 때문이다. 부동산 임대업 개인사업자수는 5년 전보다

28.1%가 늘어나 도소매업 9.6%, 서비스업 17.2%를 크게 앞지르고 있다.

2015년 기준으로 부동산 임대업의 사업체당 영업이익은 5년 전과 비교해 87.7% 증가해, 128.7%가 증가한 전기·가스·수도업에 이어 2위를 기록했다. 전기·가스·수도업은 대부분 독과점으로 공기업에 의해 운용되고 정부에 의해 통제 받고 있다는 점을 감안한다면 부동산 임대업의 신장률은 민간업종 가운데서는 최고임을 알 수 있다.

증가하는 부동산 임대업자 추이(단위: 만 명)

2010년	110.4
2011년	114.4
2012년	119.5
2013년	122.7
2014년	130.7
2015년	141.5

(자료: 국세청, 국세 통계연보)

한국경제가 감속경제의 시대로 접어들었는데도 부동산 임대업 시장이 계속 성장하는 이유는 인구절벽 현상에도 불구하고 매년 독신가구가 급증하고 연금의 부족한 부분을 월세로 대체하려는 은퇴자의 이해가 맞아 떨어졌기 때문이다. 여전히 기준금리가 1%대에 머물고 있는 투자환경에서 안정성은 물론이고 그 수익성은 은행 예금이자의 10배가 넘는 부동산 임대업만큼 매력적인 사업은 없다.

주요 부동산상품 중에서 경기 사이클에 영향 받지 않으면서 불황이 없는 상품은 임대부동산이다. 임대부동산의 수익률이 10%에 못 미친다고 하지만 임대수익률이라는 것은 고정되어 있지 않다. 개인의 능력, 여유자금의 수준, 적정한 레버리지를 통한다면 그 이상의 수익률이 얼마든지 가능하다. 매매가가 상대적으로 저렴하고 임대회전율을 높게 운용하는 임대주택의 경우 적정하게 레버리지를 이용하면 10% 이상의 높은 수익률이 가능하다. 임대주택은 아파트투자와 다르게 매매가가 저렴할수록 수익률은 비례하여 높아지는 부동산이다.

이제 우리는 정부의 부동산정책, 금리라는 변수보다 시대에 흐름에 맞춰 돈 안 되는 부동산과 돈 되는 부동산을 명확하게 구분 짓고 돈 되는 부동산에 집중해 투자해야 한다.

예상 시나리오 3. 새 정부의 부동산 강경책은 과연 상수가 될 것인가?

결론부터 말하자면 문재인정부의 부동산정책은 시장친화적으로 갈 수밖에 없다. 일자리 창출, 경제 살리기에 정권의 운명을 걸고 있는 그리고 무엇보다 정부가 스스로 그렇게 하겠노라고 밝히고 있는 마당에 무리수를 둬가면서 강경책을 밀어붙일 수는 없는 노릇이다. 정부가 개입해 강경책이든 완화책이든 가격의 인위적 조작으로 왜곡시킨 시장은 반드시 본래의 위치로 환원되게 되어 있다. 현재 정부의 부동산 규제책은 가격 거품의 발생 원인을 제거해 시장을 정상화시킨다는 것이지 시장을 냉각시킨다는 말이 아니다.

새 정부 들어 발표된 8.2 부동산대책은 12년 전 노무현 정부 때 발표 된 8.31 부동산 종합대책에 버금가는 강력한 부동산 규제정책이라고 말하고 있다. 8.2 부동산대책의 골자는 다주택자를 직접 겨냥한 양도세 세율 인상과 투기과열지구에서의 담보대출 인정비율LTV, 총부채상환비율DTI의 축소 정책이다. 대출규제를 통한 유동성의 고리를 끊는 것은 정책적 효과가 있지만, 양도세 인상으로 다주택자가 세금이 무서워 보유하고 있는 집을 내다팔지는 의문이 앞선다.

가계부채가 급증하게 된 원인은 대부분 부동산 구입자금 때문이다. 전 정부는 국민들이 빚을 내서라도 부동산을 구입하게 하여 내수 진작을 꾀했다. 급증한 가계부채 문제를 누군가가 해결하지 않는다면 건전한 내수경제의 성장에 걸림돌이 될 수 있다. 이자와 원금을 갚느라 소비여력이 소진된 사람들이 급증하는 판에 내수경기는 더더욱 살아나기 어렵다.

8.2 부동산대책으로 일단 시장은 안정세를 보이고 있다. 그러나 정부가 아파트시장을 압박하면서 시장 돈이 몰리는 곳은 분양권과

상관이 없는 오피스텔 등 수익성부동산 시장이다.

조만간 기존의 주택담보대출 규제보다 진일보한, 더 강력한 총부채상환비율DSR이 시행된다. **DSR이 시행되면 주택대출뿐 아니라 카드, 할부대금, 마이너스통장 등 개인의 모든 부채가 합산되어 대출한도를 규제하게 됨으로써 개인이 추가로 대출 받기는 더욱 어려워진다.**

국내 주택시장을 쥐고 흔드는 세력은 누구인가? 바로 다주택 보유자다. 이들은 80만 명에 불과한 숫자이지만 700만 가구 이상의 주택가격 결정을 주도한다. 그래서 다주택자에 대한 보유세 현실화가 요구되는 시점이다. 보유세는 재산세와 종합부동산세를 통칭하는 것으로 양도세 취득세 등 실제 매매가 발생해야만 세금이 부과되는 거래세와 달리 미실현수익에 대해 과세한다.

정부가 정말 강력한 부동산 규제 정책을 실시하려면 보유세 누진할증정책과 분양가상한제를 원래대로 복귀시키는 정책을 우선적으로 실행하면 된다. 이러한 부동산정책을 실시해도 부동산 가격이 잡힐 것으로 판단해서는 안 된다. **부동산시장은 정부의 강력한 부동산정책보다 금리나 시장의 유동성에 더 많은 영향을 받기 때문이다.** 실효금리가 계속해서 1%대를 유지하고 시중에서는 투자처를 못 찾는 돈들이 넘쳐나는 판국에 정부가 규제정책으로 일관한다고 해서 오를 부동산이 오르지 못하겠는가. 오늘날의 시장은 군사정부 시대처럼 정부가 나서서 일일이 사안마다 교통정리를 하던 관치경제 시대가 아니다. 정부도 힘을 빼고 시장의 소리에 귀 기울여 말 폭탄이 아닌 실질적인 부동산정책을 실행에 옮겨야 한다. 외국계 자본이 국내 자본시장을 좌지우지하는데 정부가 인위적으로 금리조작 정책을 펴기에도 한계가 있다.

삼성전자의 외국인 지분이 50%가 넘고 이들의 지분을 원화로 환산하면 1500조원이 넘는다. 정부 1년 예산의 4배 수준이다. 주식시장 전체의 외국인 지분을 모두 합하면 이보다 훨씬 많다. 이런 상황에서 미국 연준이 금리를 3%까지 올린다고 가정해보자. 외국계 자본의 대량 유출로 한국경제는 직격탄을 맞는다. 이 말을 왜 하는가 하면, **자본의 국경이 사라진 시대에 일국의 금리, 환율 정책이라는 것은 세계의 자본시장 흐름과 연결되어 있기 때문에 정부의 정책은 이에 제약을 받을 수밖에 없다.**

여전히 주요 경제국들은 자국경제를 살리겠다고 자국통화의 가치를 인위적으로 낮추는 고환율, 마이너스금리 정책을 유지하고 있다. 이런 상황에서 우리만 과격하게 금리를 올리고 부동산 규제 정책을 무리하게 추진해 내수경기를 위축시키는 바보 같은 정부가 어디 있겠는가. 정부의 부동산정책은 시장의 상황에 따라 냉탕과 온탕을 오갈 수밖에 없는 구조다. **정부의 부동산정책, 한국은행의 기준금리 인상은 부동산시장의 변수 중 하나이지 절대 상수는 아니다.**

앞으로 우리가 부동산시장에서 정부의 정책, 금리인상 여부보다 신경 써야 할 부분은 부동산시장이 핵심권역과 비핵심권역, 돈 되는 부동산과 그렇지 못한 부동산으로 양극화가 급격하게 진행되는 과정에서 어떻게 우리의 투자전략을 수정해 갈 것인가 하는 문제다.

2

새로운 길Road이
부동산 역사를 다시 쓴다

우리에게 좋은 아파트는 무엇인지 정의해
보자. 주거공간의 쾌적성과 자연친화적인 환경을 갖춘 곳? 절대 아
니다. 우리에게 좋은 아파트란 현재의 가격보다 잠재가치가 커서 훗
날 나에게 시세차익이란 달콤한 열매를 안겨주는 곳이다. 우리에게
아파트는 여전히 사는 곳Living이 아니라 사는 것Buying으로 투자의 대
상이다. 우리는 항상 이런 관점에서 좋은 아파트를 찾는다. 동일 지
역 같은 평형의 아파트라도 대지지분이 높은 곳, 이왕이면 역세권에
서 가깝고 사교육환경이 잘 구비되어 있는 곳, 여기에 생활편의시설
까지 잘 갖춰졌다면 금상첨화다. 그러나 어쩌랴. 이런 곳의 아파트
는 이미 이런 장점이 가격에 다 반영되어 있다. 강남권 아파트가 가
격이 높은 이유는 이러한 조건을 다 구비했기 때문이다.

미래에 아파트의 가치가 높아질 곳은 지역적 위치,

새로운 교통망의 개통으로 서울 중심권으로의 이동시간이 크게 단축되는 곳이다. 그래서 새로운 길이 뚫려 서울 중심권의 이동시간이 단축되면 아파트가격이 오를 가능성이 크다고 말하는 것이다. 우리는 자산가가 아니다. 자산가가 되기를 꿈꾸는 사람들이다. 우리의 투자여력은 한정되어 있다. 이 돈은 우리에게 생명줄 같은 돈이기 때문에 신중해야 하고 선택과 집중을 잘해야 한다. 지금 부동산시장에서 우리의 돈을 늘려주는 확실한 호재는 무엇인가. 교통망이 획기적으로 개선되어 서울 진입 이동시간이 단축되는 수도권지역이라고 생각한다. 여러분은 이 말에 동의하는가.

수도권에 건설된 아파트단지들은 어딜 가나 똑같다. 마치 공장에서 똑같이 찍혀 나오는 공산품과 별반 다르지 않다. 그런 이유가 있다. 아파트 건축은 건설공정 전체를 컨트롤하는 하나의 시공사(종합건설회사)가 정해지면 실제 공사는 비계, 토공, 철근콘크리트, 전기, 설비, 조경, 보링그라우팅Boring Grouting 등 전문적 시공능력을 갖춘 다수의 전문건설회사(단종 건설회사라고도 함)들이 외주를 받아 참여하는 매우 표준화된 시공과정을 거쳐서 건설된다. 시공사의 브랜드가 돈이 되는 시대라지만 어느 시공사가 짓든 아파트의 내부 구조와 외관은 똑같다.

아파트는 건축의 품질로 가격이 결정되지 않는다. 수도권 아파트의 경우 서울 중심권으로부터의 이동거리와 이동시간에 비례해서 가격이 절대적으로 영향을 받는다. 소위 경부라인이라고 부르는 경기도 남동권의 아파트단지들은 강남 중심으로의 이동시간과 비례해 가격이 정해진다. 수원시 영통구 이의동에 지어진 광교신도시가 한때 천당 아래 분당이라고까지 불렸던 분당신도시의 아파트 가격에 버금가는 시세를 형성하는 이유 또한, 신도시 자체의 경쟁력도 한몫했겠지만 용인-서울고속도로와 신분당선 연장으로 강남권 이동시간이 크게 단축된 효과 때문이라는 점을 부인할 수 없다.

수도권 부동산시장은 다양한 경제적 변수, 정부의 정책 방향에 의해 가격이 변동되는 일이 수시로 벌어진다. 그러나 장기적 관점에서 변하지 않는 사실은 새로운 길이 열려 서울 진입 시간이 단축되어 서울 접근성이 크게 개선된 지역의 아파트는 크게 영향 받지 않는다는 사실이다.

그렇다. 수도권 부동산시장에서 변하지 않는 확실한 호재는 새로운 길이 열려 서울 이동시간이 크게 단축되는 곳이다.

지금 수도권 교통지도가 완전히 새롭게 쓰이고 있다. 이에 따라 해당 지역의 부동산이 들썩이고 있는 점에 주목해야 한다. 수도권 교통망의 확대와 급행화는 수도권 지역의 서울 이동시간을 획기적으로 단축시킬 것이며 이로 인해 해당 지역의 부동산 가격은 다시 쓰일 것으로 예상된다.

지금까지 수도권에 이처럼 대규모의 교통망 확충이 동시 다발적으로 이뤄진 경우는 없었다. 최근 들어 부동산시장의 환경변화로 시장의 불확실성이 더해지면서 많은 사람들이 불안해하고 있다. 시장이라는 것은 살아 있는 생물로 계속 바뀔 수밖에 없다. 이렇게 변화되는 시장에서 새로운 길이 열려 부동산의 가치가 오르는 일만큼 확실한 호재는 없다.

GTX 개발로 수도권 집값이 요동칠 것이다

GTX는 'Great Train Express'의 약어로 '수도권광역급행철도'를 말한다. GTX는 수도권의 심각한 교통문제를 근본적으로 해결한다는 목적으로 경기도가 국토교통부에 사업을 제안하여 추진되고 있다.

GTX가 완전 개통되는 2025년이 되면 수도권 전역을 1시간 이내에 이동할 수 있어 교통환경이 획기적으로 개선될 수 있다. GTX는 지하 40~50m에 터널을 건설하여 전 노선을 직선화함으로써 기존의 전철보다 3배 이상의 속도로 운행이 가능하다.

GTX 전 노선이 계획대로 모두 개통되면 수도권 지역에서 출퇴근 이동시간이 80% 이상 단축될 것으로 전망된다. GTX A노선 동탄-삼성역 구간은 77분에서 19분으로, GTX B노선 송도-서울역 구간은 82분에서 27분으로, GTX C노선 의정부-삼성역 구간은 73분에서 13분으로 단축된다.

수도권 광역급행 철도사업인 GTX는 수도권 외곽

지하철과 동시 교통망이 연결되는 주요 지점으로부터 서울 도심권 내로의 진입을 30분 이내로 단축하는 사업으로 2018년 GTX A노선 착공을 시작으로 2025년 완공 목표이며, 총 3개 노선에서 사업이 추진 중이다.

*** GTX 사업시행노선

①GTX A노선

파주(운정)-킨텍스(일산)-대곡(경의선. 3호선 환승역)-연신내-서울역-삼성-수서-성남-용인(구성)-동탄을 잇는 구간으로 총 길이는 83.3km이다. A노선이 개통되면 일산-서울역(26km)은 13분, 동탄-삼성역(37km)은 19분이면 이동할 수 있다.

GTX A노선의 최대 수혜지역은 파주 운정신도시다. 파주 운정신도시는 잘 갖춰진 생활기반시설에 비해 서울 경계지점으로부터 꽤 먼 40km 지점에 위치하고 있다는 이유로 2기신도시 중에서 가장 저평가되어온 지역이다. GTX A노선은 2016년 12월 이후 예비타당성조사가 진행중으로 이것이 확정될 경우 빠르면 파주-일산 구간부터 2018년 공사 착공이 가능해진다. 운정신도시 이외에 GTX A노선의 개통으로 수혜가 예상되는 지역은 일산(주엽동 대화동 일대), 용인(구성), 동탄신도시 등이다.

②GTX B노선

송도-인천시청-부평-당아래-신도림-여의도-용산-서울역-청량리-망우-별내-평내호평-마석을 잇는 구간으로 총 길이는 80.1km이다. 처음 B노선은 청량리역 구간까지 계획되었으나 기존 노선에 경춘선의 망우-마석까지 연장된다. B노선이 개통되면 송도 신도시에서 서울역까지 이동시간이 87분에서 27분으로 단축된다. B노선은 2017년 중 예비타당성을 재추진해 2020년 착공에 들어가 2025년 개통을 목표로 한다.

GTX B노선의 대표 수혜지역은 송도신도시, 남양주시의 별내신도시, 다산신도시, 마석지구 등이다.

③GTX C노선

의정부-창동-광운대-청량리-삼성-양재-과천-금정을 연결하는 구간으로 총 길이는 45.8km이다. C노선은 2017년 중 예비타당성 조사를 통과하면 2019년 착공에 들어가 2024년 개통을 목표로 한다.

GTX C노선의 대표 수혜지역은 강남 삼성역에서 출발해 10분에서 20분 내에 이동이 가능해지는 서울 강북의 창동역, 광운대역, 청량리역, 과천역 일대의 역세권이다.

GTX 구간은 3개 노선을 합해 총 209.2km이다. 파주와 동탄을 잇는 A노선 83.3km, 송도와 마석을 연결하는 B노선 80.1km, 의정부와 금정을 잇는 C노선은 45.8km이다.

우리나라의 건설사업은 정권이 바뀔 때마다 뒤집혀지기 일쑤다. GTX사업이 수도권의 교통망을 획기적으로 개선시킬 것이라는 데에는 의문이 없지만, 과연 총 사업예산이 13조원이 넘고 전 정부 하에서 추진된 사업이 정권이 바뀌더라도 처음 계획된 대로 추진될 수 있을까 하는 시선이 존재했다. 결론부터 말하면 새 정부가 들어섰어도 GTX사업은 계획대로 추진될 것이다.

문재인정부의 초대 국토교통부 장관으로 임명된 김현미는 2017년 7월 7일 기자들과의 인터뷰에서 "수도권 통근시간이 평균 1시간 36분에 달하는 등 수도권 교통문제가 이제 국민의 가장 큰 걱정거리다. 따라서 수도권 광역급행열차 사업을 지속 확대하고 광역급행철도망(GTX)을 2025년까지 구축하여 국민들에게 고품질의 철도 서비스를 제공하겠다"고 말했다.

이 말의 의미는 정부가 바뀌어도 수도권 교통문제를 획기적으로 개선시키는 GTX 사업추진에 이상이 없다는 사실이다. 이로써 GTX 사업은 점점 더 구체화되면서 GTX 사업의 수혜지역인 경기 인천 지역의 주민들과 이 지역 투자에 관심을 가진 사람들에게는 호재가 아닐 수 없다.

2017년 7월 19일 발표된 문재인정부의 '국정운용 5개년 개발계획

안'에 따르면 수도권 광역급행철도 사업을 단계적으로 착공한다고 말한다. 발표문은 수도권 GTX 사업추진에 쐐기를 박는 것으로 더는 GTX 사업추진에 의문을 가질 필요가 없다.

국토교통부 자료에 따르면 GTX 사업 외에도 급행열차 구간을 확대하는 곳은 경부선, 분당선, 과천선, 일산선이 있다. 경부선은 2020년 상반기부터 급행열차가 34회 추가로 운행되고, 분당선은 2022년 상반기부터 전 구간이 급행으로 운행되어 21분 단축되며, 과천선과 일산선은 2022년 하반기부터 급행열차가 운행을 시작해 각각 7분씩 이동시간이 단축될 것으로 예상된다.

기존 철도를 급행화하더라도 수도권 교통문제를 근본적으로 해결하는 데에는 한계가 있다. 이 문제를 근본적으로 해결하는 수단이 바로 GTX 사업이며 GTX 노선이 계획대로 모두 개통된다면 수도권 외곽지역에서 서울 도심의 주요 거점역으로의 이동시간은 기존보다 80% 단축된다.

GTX 사업추진으로 수혜가 예상되는 지역의 역세권은 부동산 가격이 들썩이고 있다. 부동산 개발호재는 개발계획 발표 후 한 차례 가격에 반영된 뒤 장시간의 수면화 기간을 거쳐 착공 시점과 개통 시점에 다시 한 번 가격 반등이 이뤄진다. 이 기회를 투자에 활용하기 바란다.

신분당선 연장과 수혜지역

신분당선은 서울지하철 2호선 강남역과 경기도 수원시 영통구 이의동 광교신도시를 잇는 광역철도노선으로 1단계인 강남역-정자역 구간은 2011년 10월 28일 개통됐고, 2단계 구간인 정자-광교 구간은 2016년 1월 30일 개통되었다. 2기신도시 중에서 판교를 제외하고 가장 가격 상승률이 높은 광교신도시는 신분당선의 연장과 용인시 기흥구 영덕동에서 서울시 강남 세곡동을 연결하는 용인서울고속도로(2009년 7월 1일 개통) 건설로 서울 강남 진입으로의 교통망이 획기적으로 개선되어 가장 덕을 많이 본 대표 지역이다. 광교신도시 이외에 신분당선 2단계 공사 완공으로 덕을 본 지역은 신분당선 연장선이 통과하는 용인시 동천, 성북, 상현, 수지 지구 등이다.

신분당선 연장선은 강남역에서 출발하여 양재-양재시민의숲-청계산입구-판교-정자-미금(2018년 개통 예정)-동천-수지구청-성복-상현-광교중앙(아주대)-광교(경기대)역으로 구성되며 구간 운행 소요시간은 37분이다.

신분당선 2단계 공사에 이어서 강남-신사-용산역 구간은 2025년에 개통 예정이다. 2016년 기준으로 용산 방향의 착공이 확정되어 2025년 강남역-용산역 구간이 개통 예정으로 있다.

강남-용산역 구간은 우선 강남역-신논현-논현-신사역 구간을 2016년 하반기 착공해서 2021년 하반기에 개통하고 신사역-용산역 구간은 2019년 착공에 들어가 2025년에 개통을 목표로 하고 있다.

강남역 용산역 구간의 개통은 용산국제업무지구 개발사업의 실패로 침체되었던 용산지구가 미군의 용산기지 이전과 더불어 다시 기지개를 펴는 기회가 될 것이다. 강남-용산역 구간 공사는 신사-강남, 신사-용산역 구간을 둘로 나누어 진행된다.

수서 고속철도SRT, 강남 남부권의 역사를 다시 쓴다

지금까지 강남권에서 대표적인 소외지역으로 평가 받아오던 내곡, 일원, 수서, 장지, 세곡, 자곡지구 일대가 수서고속철도(SRT)의 개통을 시작으로 본격적으로 개발되면서 장지 동남권 물류단지, 위례신도시의 개발과 더불어서 이 지역의 부동산 역사를 다시 써 내려가고 있다.

수서 고속철도는 서울시 강남구 수서역을 기점으로 해서 수서-평택 고속선, 경부고속 본선, 호남고속 본선을 경유하여 부산역, 광주송정역, 목포역 구간을 운행하는 고속철도SR 운행 계통이다. 여객 안내에는 주로 SRT라는 애칭이 사용되며 SRT는 'Super Rapid Train'의 약자이다.

수서 SRT는 경부선 서울 금천구청역 선로 용량 문제와 서울시 동남권(서초구, 강남구, 송파구, 강동구)과 경기 남부지역의 철도 이용객 편의를 위해 사업이 추진되었고, 2016년 12월 9일 개통되었다. 운행시간은 부산역 2시간 3분, 목포역까지는 1시간 58분이 소요된다. 경부고속선은 수서에서 부산역까지, 호남고속선은 수서에서 광주송정역,

수서에서 목포역을 운행구간으로 한다. SRT 전체 운행횟수 120회 중에서 66회는 동탄에, 18회는 평택 지제역에 정차하며, 8회는 지제역과 동탄역에 모두 정차한다.

수서 SRT는 2011년 5월 착공해서 5년 7개월만인 2016년 12월 9일 정식으로 개통됐다. 수서 SRT의 개통으로 서울 서남권과 동탄, 평택(지제역) 등에서 하루 평균 11만 3천여 명이 이용하고 있다. 이로써 서울 강남지역과 수도권 서남부지역의 접근성이 크게 개선되었다. 수서 SRT 이용 시 동탄에서 수서까지 9분, 평택(지제역)에서 수서까지는 20분 이내에 이동이 가능해졌다. 수서 SRT 개통을 앞두고 수혜지역인 동탄, 평택에는 신규 분양이 봇물을 이루기도 했다.

수서 SRT 개통의 최고 수혜지역을 꼽는다면 서울 수서역 인근지역으로 SRT 후 1년간 이 지역의 아파트가격은 17% 이상 상승했다. 이는 강남권 아파트 전체 상승률인 10.6%보다 높고 강남 집값 상승을 주도했던 개포동 재건축단지 16.5%보다도 높은 수치다.

수서 SRT의 개통으로 수서동 삼익아파트 전용면적 49.2m² 평형은 2016년 3월 5억 4천만원에서 2016년 11월까지 8개월 동안에만 1억 5천만원이 올라 6억 9800만원에 거래됐다.

---

* 수서 역세권 사업개요

 -. 사업명 : 수서 역세권 공공 주택지구 조성사업

 -. 위치 : 서울시 강남구 수서동, 자곡동 일원

－. 사업개발형태 : 도시개발

－. 사업시행자 : 한국토지공사, 주택공사, 한국철도시설공단

－. 개발면적 : 386,390m²(철도건설 사업부지 166,134m² 포함)

* 개발내용

－. 사업기간 : 2016년~2021년

－. 공공주택용지 : 6만 7583m²(17.5%)

－. 업무유통시설용지 : 4만 5544m²(11.8%)

－. 철도용지 : 10만 2208m²(25.4%)

－. 공원용지 : 8만 8879m²(23%)

－. 학교용지 : 4만m²(2.6%)

－. 도로 : 6만 3427m²(16.4%)

* 개발방향

수서 역세권 일대를 서울 동남권의 핵심 거점이자 지역의 랜드마크로 성장
시키는 것을 목적으로 사업을 추진한다.

－. 복합환승센터, 공공편의시설, 업무시설, 공공주택 등을 조화롭게 개발

－. 수서 역세권 인근으로 이미 문정지구, 세곡2지구, 장지동 동남권 유통단
　지, 위례신도시가 개발되었거나 개발 중에 있다.

경강선 개발로 새롭게 부각되는 경기 동부권 부동산

경강선은 경기도와 강원도를 연결하는 철도 노선으로 월곶-판
교, 판교-여주, 여주-서원주, 서원주-신강릉역 구간을 4개 구역으
로 나누어 공사가 추진되고 있다. 현재 개통된 노선은 판교-여주 구

간이다.

경강선 판교—여주 구간과 제3영동고속도로 개통으로 경기 동부권의 교통지도가 크게 바뀌고 있다. 경기 동부권은 경부라인과 가까운 거리에 위치하고 있지만 상대적 관심이 적었던 지역으로 그 배경에는 철도망의 미비로 서울 진입에 불편함이 있었기 때문이다. 그러나 이번 경강선 판교—여주 구간과 제2영동고속도로 개통으로 경기도 광주역 일대(49만 5545m²), 곤지암역(17만1874m²), 이천역(36만4152m²), 부발역(110만8108m²), 여주역(47만9322m²) 등 열차가 통과하는 주요 지역의 역세권은 지자체들이 발 벗고 나서 체계적인 개발을 통해 도시를 성장시킨다는 계획으로 개발사업에 박차를 가하고 있다.

경강선은 판교—여주구간은 판교—이매—삼동—경기 광주—초월—곤지암—신둔도예촌—이천—부발—세종왕릉—여주역을 잇는 구간으로 경기 동부권의 주요 거점인 광주, 이천, 여주 중심부를 모두 통과한다.

경강선 판교—여주 구간은 총 사업비 2조원을 투입해 2007년 착공해서 9년 만에 개통됐다. 경강선 개통으로 판교에서 여주까지 48분 만에 도착할 수 있게 되었으며, 서울 강남에서 경기도 동쪽 끝자락 여주까지 1시간 10분 내에 이동할 수 있게 되었다.

경강선 판교—여주 구간 개통의 수혜지역 중 한 곳인 이천시 부발읍의 경우 SK하이닉스 부발공장의 반도체공정 증설 호재까지 겹쳐 SK하이닉스 본사가 있는 부발읍 아미리 지역은 사람들이 몰려들면서 3.3m²당 500만원 하던 SK하이닉스 공장 정문앞 상가들이 불과 2~3년 사이에 6배 이상 올라 현재 매매가가 3000만원에서 4000만원을 웃돌고 있다.

경강선 판교-여주 구간 개통으로 역세권 주변의 아파트들은 프리미엄만 4000만원 이상 급등했다. 경기 광주역에서 500m 가량 떨어진 곳에서 2016년에 분양된 2,100세대 아파트단지는 분양이 모두 완판되었다.

개인적으로 광주시 탄벌동과 태전동 두 곳에서 매장을 운용했었다. 당시 대중교통을 이용해서 분당이나 서울에서 출퇴근하는 직원들이 거리상으로는 먼 거리가 아니었는데도 교통오지라고 할 정도로 광주시의 교통상황이 나빠서 힘들었던 기억이 난다. 교통오지라는 불명예를 안고 있었던 이곳이 이제는 경기 광주역에서 경강선을 타면 서울 강남까지 35분이면 도착할 수 있을 정도로 이동시간이 획기적으로 단축됐다. 출퇴근 시간에 서울 분당 진입이 용이해지면서 이 지역의 분양아파트 프리미엄이 크게 오른 것은 오를 만한 충분한 이유가 있었다고 볼 수 있다. 광주역에서 자동차로 10분 거리에 있는 태전동에는 2019년까지 아파트만 1만 2000가구가 입주 예정이다. 아무리 근거 있는 호재가 있더라도 투자에 대한 판단은 본인이 하는 것임을 잊지 말고 투자하고 싶은 지역이 있다면 상당 시간 그곳에 상주해 샅샅이 뒤져 정보를 알아본다는 마음으로 발품을 팔아 후회 없는 투자를 해야 한다. 누구도 여러분의 투자를 대신해줄 수 없다.

김포도시철도 개통과 한강신도시

김포도시철도는 양곡-구래-운양-장기-걸포북변-사우-장기-고촌-김포공항을 잇는 철도망으로 총 길이는 23.63km이고, 전 구간이 지하로 총 9개역, 환승역 1개 소로 구성되어 있다. 김포공항역에서 서울지하철 5호선, 9호선, 인천공항철도로 환승이 가능하다. 김포도시철도는 2013년 1월에 착공에 들어가 2018년 10월 개통을 눈앞에 두고 있다.

김포도시철도 개발사업은 김포한강신도시에서 김포공항을 연결하는 경전철사업으로 김포도시철도가 개통되면 서울지하철 5호선, 9호선과 인천공항철도가 상호 연결되어 인천공항, 서울 강남 중심지역으로의 이동시간이 단축된다. 김포도시철도는 양곡, 구래, 장기, 운양, 걸포북변, 사우, 풍무, 고촌 등 김포시에서 개발된 주요 아파트단지를 모두 통과하여 김포공항환승역에 진입한다.

김포한강신도시는 2011년에 본격적으로 개발되기 시작해 지금까지 상주인구가 50% 이상 증가했다. 인구증가율에 있어서 전국 상위 5위에 해당한다. 한강신도시의 개발면적은 10,872,292m²로 수용인구는 158,760명이다. 한강신도시의 대표적인 개발단지는 운양지구, 구래지구 등이다.

김포한강신도시 아파트단지들은 김포철도 개통으로 김포공항역까지 20분~30분 이내에 도착할 수 있고 김포공항역에서 환승해 서울 중심권으로의 이동도 빨라지게 된다.

교통망의 개발은 삶의 질과도 밀접한 관계가 있다. 교통망의 개선으로 내가 사는 집 가격이 오르는 것은 후차적인 문제다. 수도권 거주민 중에서 서울과의 철도연계가 안 되는 지역에 사는 사람들은 출퇴근 시간이 교통전쟁으로 불릴 만큼 고통의 연속이다. 수도권에서 단기간에 가장 많은 아파트가 지어진 용인시의 경우 서울과의 전철 연계망이 없는 용인시 처인구, 동백, 구성지구 주민들은 하루하루 출퇴근길이 지옥이다.

그러나 같은 용인시의 아파트단지라도 신분당선 연장선 개통으로 교통환경이 개선된 수지, 성복, 상현지구 등은 집값도 올랐지만 무엇보다 출퇴근 이동시간이 짧아져 삶의 질도 높아졌다.

남양주시에서 최근에 개발된 아파트단지인 별내, 다산신도시 등은 교통오지 지역 중 하나로 꼽혀왔으나 서울지하철 8호선 연장선인 별내선과 앞으로 개발 예정인 수도권급행열차 GTX가 개통되면 이 지역에서 강남 삼성역까지 30분 이내에 도착할 정도로 교통환경이 획기적으로 개선된다. 이 지역이 최근 부각되는 이유도 교통환경의 획기적인 개선이 이뤄질 것으로 예상되고 있기 때문이 아니겠는가.

서울지하철 5호선 연장선인 하남선이 개통되면 하남미사신도시는 탁월한 한강 조망권과 서울 강동구와 경계하고 있는 지리적 이점이 더해져 날개를 달게 될 것이다. 새로운 길이 부동산 역사를 다시 쓴다는 말은 결코 과장이 아니다.

1부

다가오는 3년,
대한민국 부동산이 요동친다

3

부동산시장은
왜 기울어진 운동장인가?

          내가 부동산을 처음 접한 때는 처음 입사한 회사에서 법인영업부(대부계)로 발령받아 사회생활을 시작했을 때부터다. 그 후 대부계에서 오랜 기간 근무하면서 안 다뤄 본 물건이 없었고 셀 수 없을 정도로 많은 투자사례를 직접 다뤘다. 지수 함수적으로 급변하는 세상에서 과거의 경험이 뭐 대수냐 하는 말을 하지만 변하지 않는 분명한 사실 하나는, 그때나 지금이나 부동산은 투기세력에 의해 주도되고 시장은 왜곡되어 있다는 사실이다. 그리고 또 하나 분명한 사실은, 그때나 지금이나 마찬가지로 여유자금이 준비된 사람이 장기적 관점에서 투자해 그들 대부분이 살아남았다는 것이다. 그러나 이와 반대로 여유자금 없이 레버리지에 기대어 투자한 경우는 대부분 시장의 변동성을 극복하지 못해 투자원금을 날리고 시장에서 자취를 감췄다는 사실이다. 투자는 그것이 무엇이든 시간을 지배하는 사람이 성공하는 게임이다. 시장의 변동성에 흔들리지 않는 방법은 투자지식이 아니라 여유자금과 비례해서 결정된다.

우리가 사는 시대는 경제는 성장했으나 돈의 결핍은 더욱 심해져 간다. 이 시대에 돈의 결핍을 더 많이 뼈저리게 느끼며 살아가는 사람들의 마음을 이해한다. 그러나 자신이 갖고 있는 유·무형의 자산을 올인하는 투기로는 돈을 벌 수도, 부자가 될 수도 없다는 사실만은 분명하다. 시드머니(Seed Money, 종자돈)가 준비되지 않은 사람이 부동산이나 주식으로 심지어는 로또 한 방으로 인생이 역전되는 일은 흔한 사례가 아니다. 또 그렇게 해서 부자가 되면 당신의 인생이 뭐가 달라지겠는가.

마하트마 간디가 말했다. 노동하지 않고 얻은 불로소득은 인간 세상의 7대 죄악 중 하나라고. 그런데 우리나라에서는 부동산투자를 통해 얻은 불로소득이 훈장거리는 될망정 부끄러운 일이 아니다. 이러니 아이들마저 장래희망을 물으면, 빌딩주인이 되서 월세 받으며 편히 사는 것이라고 거리낌 없이 말한다. 이 아이들에게 무슨 죄가 있겠는가. 우리가 그렇게 만든 세상이다. 꼬마빌딩 열풍은 지금도 식지 않고 더해만 간다. 준비과정 없이 누구나 건물주가 될 수는 없다. 이루지 못할 꿈을 꾸는 것은 개인에게 고문을 가하는 행위다.

임금의 정의가 실현되지 않는 세상에서 과연 죽도록 경제공부만 해서 부자가 될 수 있을까. 그런 세상에서는 학습능력이 탁월한 사람만 부자가 될 수 있다. 그래, 맞는 말이라고 치자. 그러나 자신도

가난한 서민의 삶을 살아왔다는 사람들이 시장의 질서를 왜곡시키는 갭투자로 집을 수십 채 소유했다고 하면서, 당신도 나처럼 죽도록 공부하고 소망하면 부자가 된다고 강권하는 것이 도덕적으로 받아들일 수 있는 일인가. 한국 자본주의가 왜 이렇게 일그러지고 찌그러들었는지 지금쯤은 알만도 하건만, 사람들의 생각은 변할 기미가 보이지 않는다. 국내 재테크시장은 개인의 경험이 필터링되지 않은 상태에서 시장에 대량 방출되어 사회 흐름과 유리되는 것이 항상 문제다.

대한민국의 부동산시장은 기울어진 운동장이다. 이 시장에서는 시장의 주인인 서민 중산층은 소외되고 시장의 감시자가 되어야 하는 정부의 정책은 항상 다주택보유자, 건설회사 등 우리사회 기득권층의 이익에만 기여하는 방향으로 추진되어 왔다. 정의롭지 않다. 이런 시장구조에서 부동산 상승론, 하락론 심지어 붕괴론을 말하는 것은 모두 부질 없는 논쟁이다.

시장을 예측하는 일은 어렵다. 아니 불가능에 가깝다. 경제흐름이 변하는 세상에서 후행지표에 불과한, 글을 쓰는 시점부터 과거의 통계가 되어버리는 투자시장에서 이것이 강력한 예측의 도구라도 되는 것처럼, 자신의 관점을 객관화시키려는 노력은 가상하지만 이는 결국 개인 신념의 해우소로 끝나기 마련이다.

투자시장에서 소위 애널리스트라는 사람들에게서 흔히 나타나는 행태는, 어디서 주워 온지도 모르는(만인이 정보를 생산하고 이를 SNS로 유통시키는 환경에서 쏟아져 나오는 정보를 거르는 일도 쉽지 않다) 통계자료를 가지고 자신에게 이익이 되는 쪽으로 정보를 왜곡하는 일이 다반사로 일어난다.

주식시장에서 전문가라고 하는 사람들은 또 어떤가. 과학적 근거라도 되는 것처럼 일단은 선과 선으로 이뤄지는 각종 차트를 가지고 자신의 관점을 관철시키려고 한다. 이는 훗날 제기될 수 있는 책임을 벗어나는 도구로 곧잘 활용된다(자신의 예측이 틀렸어도 자신은 차트를 과학적으로 풀어 얘기했을 뿐이라고 변명한다). 그러나 애석하게도 국내에서 나오는 주식 관련 리포트의 90% 이상은 친기업적인 시각에서 배출된다. 바로 다음날 주가가 폭락하는 장에서도 이들은 이런 대담한 리포트를 내놓는다. 그들은 투자자의 손해에는 별 관심이 없다. 그들은 무한 긍정주의로 투자자를 시장에 끌어들여 자신들의 주머니만 채우면 된다. 그들의 리포트를 믿고 투자한 사람들에게서 나오는 거래세, 수수료가 그들의 주 수입원이다. 시장에서 생산되고 유포되는 상당수의 정보는 힘없는 개인투자자에게는 기울어진 운동장이다. 이미 시장은 거대자본, 이들에 기생해 생계를 유지하는 자들에 의해 주도되고 있다.

언론도 그들의 최대 돈줄이 되는 건설사 광고를 유치하기 위해 그들의 이익에 유리한 기사를 쓸 수밖에 없다. 이러니 시장의 흐름과 언론의 기사에는 극복하기 어려운 간극이 존재한다.

부동산시장에서 정부는 매우 강력한 세력이다. 적어도 우리나라에서 정부의 정책은 시장의 흐름을 바꿔 놓기도 한다. 내가 하고자 하는 얘기는 정부의 정책을 넘어서서 '왜 우리의 부동산정책은 어느 정부가 들어서든 항상 친시장적인가' 하는 것이다. 정책이 만들어지는 정치의 구조를 알아봐야겠다.

민주공화국체제에서의 의회주의 정치란 무엇인가. 계급의 이익을 대변하는 것이다. 의회주의가 처음 시작된 영국 의회의 초기 정당 휘그당whig party과 토리당tory party은 현대에 와서 보수당과 노동당으로 진화해 왔다. 영국에서 보수당과 노동당을 가르는 기준은 지극히 물적 토대 위에 기초한다. 단편적으로 내 집을 갖고 있는가Householder 아니면 내 집을 갖고 있지 않은가Non householder에 따라서 정당 지지층이 확 갈린다. 다시 말해 영국의 정당은 그의 지지층이 속한 계급의 이익을 대변하기 위해 존재한다. 우리나라의 여의도 국회는 서민 중산층의 이익을 대변하지 못하고 있다. 그들이 속해 있는 정당은 다르지만 대부분은 기득권층이다. 이러니 여의도 국회에서 서민을 위한 각종 개혁입법들이 좌절된다.

부동산시장의 정책이라는 것이 매번 가진 자, 건설자본의 이익에 충실하게 전개되어 왔기 때문에 사람들의 마음에 부동산 불패신화라는 생각이 사라지지 않는다. 대한민국 부동산은 어쨌든 인플레이션을 능가하는 이익을 지속해왔기 때문이다.

우리는 새로운 진보정부(사실 이 말은 어패가 있다. 적어도 경제 측면에서 새 정부 역시 시장친화적일 수밖에 없다. 따라서 적어도 경제적 측면에서는 진보라는 단어는 어울리지 않는다)가 들어섰으니 부동산시장의 기울어진 운동장을 바로잡기 위해 강력한 부동산 규제정책이 실행될 것이라고 예상한다. 그러나 정부의 강력한 부동산 규제정책이라는 것도 따지고 보면 부동산 급등의 원인이 되었던 전 정부의 부동산 규제완화정책을 원상 복귀하는 수준이다. 근본적으로 투기수요를 억제하기 위해서는 2주택 이상의 다주택자에게 보유세 누진할증제롤 적용하고 주택임대사업자에게 이익에 대한 적정한 과세정책을 편다면 투기세력에 의해 부동산시장이 왜곡되는 현상은 크게 사라질 것이다.

과연 현 정부가 그런 의지를 갖고 있을까. 개인적으로 의문이 간다. 우리나라의 부동산정책을 좌우하는 관료집단은 국가의 시장 개입을 정당화한다. 과거 진보정권들도 이 틀에서 벗어나지 못했다. 오히려 어설픈 시장방임과 국가사회주의가 결합해 부동산 버블을 팽창시켜 서민들의 고통만 가중되게 했던 것이 사실이다. 그래서 정치의 민주화보다 어려운 것이 경제의 민주화다.

대한민국에서 부동산은 이데올로기의 문제가 아니다. 그러니까 부동산은 정치적 이념, 계급의 이익을 대변하는 가치가 아니라는 말이다. 부동산을 움직이는 것은 시장이고 정부는 이 시장에서 반칙하는 자들을 징계하는 법적제도를 만들어 시장에서 반칙을 하면 벌을 받는다는 강력한 시그널을 시장에 보내면 된다. 그런데 시장의 감시자 역할을 해야 할 정부가 시장의 질서를 어지럽히고 반칙을 일삼는다면? 부정하고 싶지만 이것이 현실이다.

부동산을 이데올로기(정치, 개인의 신념)로 분석하는 것은 시장의 흐름을 과소평가하게 만들고 투자자들을 시장이 아니라 정부의 정책에 의존하게 만들어 투자의 방향을 왜곡시킨다. 지금까지 그래왔다.

부동산 상승론과 붕괴론은 동전의 양면과 같다. 버블이 시장의 상황보다 지나치게 과대평가되면 어느 순간 버블이 발생하고 버블이 지나치면 시장이 감당하지 못해 붕괴되는 것은 시간문제다.

10년 전 월가의 메가뱅크들은 금력을 동원한 막강한 로비력으로 강력했던 반독점 금융규제법을 무력화시키고 저신용자에게 주택담보가치 이상의 대출을 해주었다. 이렇게 확보한 저당권을 특수목적회사(SPC)라는 페이퍼컴퍼니를 만들어 주택저당권을 증권화시켜 시장에 유통시킴으로써 부실을 증폭시켰고, 이 과정에서 버블이 붕괴되고 우량자산의 가치가 폭락하면서 이것이 부동산 붕괴로 이어졌다. 그러니까 부동산 버블, 붕괴론 모두 그 배경에는 인간의 탐욕이 있었고 이것이 지나쳤을 때 동전의 양면이 뒤집히는 것처럼 버블과 붕괴가 교차되는 것이다.

자본주의는 제도를 움켜진 세력이 그 전리품을 독점하는 시스템이다. 그래서 자본가들은 그들에게 유리한 경제지형을 만들기 위해 수단과 방법을 가리지 않고 정치권에 대한 로비를 강화시키는 것이다. 이 과정에서 그들이 얻는 전리품은 로비로 들어간 비용보다 수백 배, 수천 배 이익으로 돌아온다. 경제가 정의로워지려면 제도가 공정해야 한다. 앞으로 그런 사회를 위해 노력해야 한다. 방관하면 절대 세상은 변하지 않는다.

　부동산투자로 돈을 벌었다고 자랑하는 사람이 많은 사회보다 부동산의 가치 상승을 사회구성원 모두가 공유하는 사회가 되어야 한다. 부동산 한 번 잘 사고파는 것으로 개인의 부가 결정되는 사회는 정의로운 사회가 될 수 없다. 부동산투자로 부자가 되는 것은 결코 비난받을 일이 아니다. 그러나 그 과정은 정직해야 한다.

2016년~2018년 주택 수급 진단 결과

구분	해당 연도	지역
수요 초과	2016년~2017년	대전
수급 균형	2016년~2017년	서울 부산 대구 인천 광주 강원 충북 전북 전남
	2017년~2018년	서울 대전 인천
공급 초과	2016년~2017년	울산 경기 경남
	2017년~2018년	부산 대구 광주 울산 강원 충북 전북
공급 과다	2016년~2017년	충남(세종 포함) 경북 제주
	2017년~2018년	경기 충남(세종포함) 경북 경남 제주

(자료: 국토연구원)

4

대한민국 부동산,
오를 것인가 떨어질 것인가?

앞으로 부동산은 오를 것인가 아니면 떨어질 것인가? 모든 사람의 관심이 여기에 집중되고 있다.

그런데 이 질문은 현재의 부동산시장 흐름에서는 적절하지 않다. 인구절벽보다 더 심각한 지역별 인구의 비대칭성으로 발생하는 수도권 부동산과 비수도권 부동산 간의 깊어지는 양극화, 내수시장의 침체에도 퇴직자의 창업 행렬은 오히려 증가해 심해져가는 골목상권의 경쟁 가열, 1인가구의 급격한 증가로 인한 임대주택시장의 기형적 성장세 등 현재 부동산시장을 둘러싸고 있는 환경은 과거와는 다른 양상으로 진행되고 있다. 내가 이 부분과 연관 지어 말하고 싶은 것은 이제 전체로써의 부동산시장이 오를 것인가 아니면 떨어질 것인가의 문제는 부동산시장의 흐름과 맞지 않다는 것이다. 따라서 앞으로 부동산시장에 대한 전망은 전체로써가 아닌 지역별, 상품별로 세분화해서 봐야 한다.

부동산의 가치 상승은 무엇보다 시장의 주체인 수요자의 니즈, 상권 이동, 유동인구의 변동 등 시장의 내부적 변화에 의해 발생한다. 낡고 허름한 단독주택 지역으로 아무도 관심이 없던 곳이 이제는 서울의 핫플레이스로 떠올라 건물의 평당 가격이 급상승한 이태원 경리단길, 연남동, 망원동 망리단길, 봉천동 샤로수길 등은 시장 자체의 내부적 요인으로 가격 상승을 이끌어왔다. 강남 이외의 지역에서 사교육특구로 평가받는 노원구 중계동, 양천구 목동, 분당 서현동, 일산 정발산동 등의 부동산 가격이 관내 지역의 평균 가격보다 높은 이유도 교육이라는 수요자의 니즈, 즉 팩트가 있었다. 그러니까 지역적으로 부동산 가격이 오르는 데는 합당한 근거와 이유가 있다.

그러나 이는 지역적 차이, 수요자의 니즈 변화로부터 오는 가격의 변동이다. 지금까지 전체적인 부동산시장의 가격 변동은 금리, 시장의 유동성, 정부의 정책 등 외부적 요인에 많은 영향을 받아왔다. 아무리 핵심권역 내에 있는 부동산이라도 부동산시장이 외부적 요인의 악화로 인해 전체적인 하락국면에 처하면 하락의 정도는 상대적으로 미약할 수 있어도 그 영향권에서 벗어나기는 어렵다.

앞으로 금리는 오를 가능성이 크고, 정부의 부동산 규제 코스프레는 당분간 계속될 것이다. 이런 패턴은 새 정부가 들어서면 매번 반복되는 일이다. 이 흐름의 맥이 잡힐 때까지는 관망하는 것도 투자의 한 방법이다. 여유자금이 충분한 실수요자라면 부동산시장의 변화에 맞게 투자를 한다면 작금의 환경에 크게 흔들리지 않아도 된다. 어쨌든 핵심권 내의 부동산은 부동산 공개념이 우리사회에 정착되지 않는 한 지역, 상품별로 다르겠지만 오를 것이 분명하다.

최근 부동산시장의 변화에서 놓쳐서는 안 될 사실이 하나 있다. 농경사회부터 이어진 내 집에 대한 확고한 신념이 점차 엷어지고 있다는 사실이다. 이 변화의 중심에는 다양한 사회적 욕구의 변화가 있었을 것이다. 특히 이와 관련해 눈여겨볼 내용은 부동산 구매의 잠재 수요층인 청년층의 부동산에 대한 생각이 많이 바뀌었다는 점이다. 그들은 자신의 소득에 비해 집값이 지나치게 높다고 생각한다. 내 집 마련보다 자신이 더 소중하게 생각하는 가치를 따라 산다는 것이 그들의 생각이다. 이는 옳고 그름의 문제가 아니라 개인의 철학이 반영된 결과다.

그럼에도 아직까지도 사람들이 부동산에 관심이 많은 이유는 안전하고 편리한 주거공간은 모든 사람에게 기본적인 삶의 만족도를 높이는 최고의 재화라는 사실 또한 분명하기 때문이다. 또 집은 사두면 반드시 오른다는 투자수단으로써의 가치를 높게 평가받기 때문이기도 하다.

현재 부동산시장은 내재가치에 비해 버블이 많이

끼어 있는 지역이 많다. 반면 내재가치는 높지만 이것이 아직 가격에 반영되지 않은 지역도 많다. 인구절벽 현상이 가시화되고 있는 지역 상권은 하락세다. 그러나 상대적으로 좁은 지역에 인구가 계속 늘어나 집 부족 현상이 벌어지는 지역은 상권이 부활하고 경기흐름과 관계없이 가격이 꾸준히 오르고 있다.

수도권 집중현상으로 수혜를 받는 지역은 특정 부동산상품이 아니라도 대부분 오를 여지가 있다. 그러니까 부동산이 오를까 떨어질까를 걱정하는 시간에 실수요자라면 현재 가격보다 잠재가치가 큰 곳을 찾아 나서는 것이 현명하다.

현재 대한민국 부동산시장은 냉정하게 말해서 성장 동력이 크게 떨어져 있다. 저금리와 상대적으로 풍부해진 유동성이 이를 가리고 있을 뿐이다. 우리나라는 이미 감속경제 국가로 전락해 과거처럼 고성장을 기대하기 어렵다. 글로벌기업으로 성장한 국내 기업들은 지대Rent가 싸고 저임금의 혜택을 노릴 수 있는 곳이라면 국가를 가리지 않고 생산기지를 이전하는 것을 당연시한다. 따라서 부동산이 급등한다고 해도 그 수혜는 일부 핵심지역 인구변동 현상으로 특수를 누리고 있는 임대주택에 그칠 확률이 높다.

오른쪽의 도표를 살펴보자.

2002년 12월~2017년 6월 서울 집값 상승률(단위: %)

지역	상승률	지역	상승률	지역	상승률
서초구	93.3	노원구	64.3	동대문구	44.5
강남구	84.7	동작구	63.4	은평구	43.7
영등포구	78.7	금천구	61.6	성북구	41.1
강동구	78.3	강서구	53.9	종로구	38.6
송파구	78.1	광진구	51.5	중구	37
용산구	72.0	구로구	50.1	강북구	36.4
성동구	71.6	관악구	49.2	도봉구	32.9
마포구	69.2	서대문구	47.0		
양천구	67.1	중랑구	45.4		

(자료: 월간 kb국민은행 가격동향)

위 도표가 우리에게 알려주는 단 하나의 진실은, 전 국구 부동산이라고 하는 서초구와 강남구조차도 이제 는 버블의 시대는 끝났다는 사실이다. 지난 15년간의 서울 지역 아파트가격 상승률을 조사한 이 표에 의하면 서울 전 지역 대 부분이 2007년 하반기의 전 고점을 아직까지도 넘지 못하고 있다. 내 기억으로 1990년대 말에 분양된 강남 타워팰리스의 평당 분양가 가 900만원이었는데도 미분양이 발생했었다. 또 놀라운 사실은 미분 양됐던 타워팰리스가 5년이 지나서는 분양가 대비 평형에 따라 다소 차이는 있지만 300%에서 최고 400%가 올랐다는 것이다.

2000년대 초·중반에 들어오면서 세계적인 부동산시장의 호황과 맞물려 전국적으로 풀린 토지보상금들이 강남부동산에 몰려들어 강남부동산이 전국구부동산화되면서부터 강남부동산은 미친 듯이 올랐다. 노무현정부는 집권하면서부터 국토균형개발을 밀어붙여 전국 곳곳에 기업도시, 혁신도시, 정부부처의 지방 이전, 행정신도시 개발 붐을 주도하면서 막대한 자금을 토지보상금이란 명목으로 전국에 풀었다. 이와 거의 동시간대에 이뤄진 이명박 전 서울시장의 서울 구도심에 대한 전면적인 뉴타운재개발사업 추진으로 서울부동산은 강남만이 아니라 서울의 동쪽 끝 거여마천지구에서 동쪽의 목동지구에 이르기까지 날마다 부동산가격을 다시 쓰는 미친 장세가 한동안 계속됐다. 거품은 빠지기 위해 존재하는 것이라고 했던가. 2007년 정점을 끝으로 서울부동산은 2013년까지 지속적으로 하락해왔다. 이 시기에는 강남아파트조차도 전 고점 대비 30%나 빠져있었다. 아직도 서울 대부분의 지역이 전 고점을 넘어서지 못하고 있다.

이런 과정이 있었는데도 부동산 예찬론자들은 앞으로 몇 년 안에 강남아파트의 평당 매매가가 5,000만원을 넘어설 것이라고 말한다. 이는 2015년 4월 분양가상한제 폐지로 인한 분양가 버블이 영향을 미친 것이지 장기적 관점에서 과연 실제 매매가도 이렇게 될 것으로 보기는 어렵다. 물론 부동산시장의 지독한 양극화 현상으로 핵심지역과 비핵심지역 간의 가격 양극화는 막기 어려우나 그래도 그 한계는 있는 법이다. 그렇다. **아무리 핵심지역이라도 이제 과거**

와 같이 비정상적으로 가격이 급등하기에는 부동산시장의 상위변수인 국가경제가 처해 있는 현실이 너무나 다른 환경에 놓여 있다.

아주 옛날 얘기지만 1975년에 지어진 잠실4단지 17평 연탄아파트가 당시에 270만원이었고, 강남 논현동 33평 아파트의 1985년도 가격이 3800만원이었다. 강남개발이 막 시작하던 초창기에나 가능했던 가격이다. 핵심권지역의 부동산은 오르지만, 그 성장은 버블시기와 비교해 매우 낮을 것이다. 이를 부정적으로 볼 필요가 없다. 부동산시장이 비정상에서 정상을 찾아가는 과정이기 때문이다.

부동산이 급등하던 시기는 한국경제가 고도성장하던 시절이었다. 지금처럼 인구절벽, 소득의 양극화, 감속경제의 문제가 과격하게 진행되던 시대가 아니었다. 따라서 앞으로 부동산이 과거처럼 급등할지는 냉정하게 따져봐야 한다. 이제 부동산시장은 전체의 관점이 아니라 부분적으로 디테일하게 접근해야 한다.

이미 시장의 양극화가 현저하게 진행된 상태에서 부동산가격은 지역에 따라 미래의 잠재가치에 대한 간극이 매우 커졌다. 1,2인 가구의 급증으로 가족이 분화되는 과정에서 주택의 수요가 오히려 확장될 것이라는 시각이 있다.

서울의 경우 자가주택자 비율은 40%에 불과하지만 전체 주택보급률은 100%에 가깝다. 여전히 집 부족지역이다. 분양아파트의 인기가 여전하다고 하지만 이는 서울을 중심으로 한 수도권 핵심지역에 국한된 얘기다. 지금은 시기적으로 건설사들이 마지막으로 물량을 털어내는 시점이다.

부동산가격 상승이 가능하려면 잠재수요층이 지속적으로 공급물량을 받아주는 투자의 선순환 고리가 이어져야 한다. 그러나 지금 한국경제는 이 선순환의 고리가 거의 끊어진 상태다. 한국경제는 성장동력이 떨어진 감속경제 시대로 이미 진입해 있다.

어느 물건이든 소비자의 구매력이 떨어지면 소비가 감소하는 것은 당연한 이치다. 가계부채 관리에 따른 대출심사 강화, 금리인상 가능성 증가, 단기간의 주택공급 과잉 증가, 재개발초과이익환수제의 부할 등으로 시장 여건도 위축되어 있다. 실수요자라면 지역을 선별하는 일에 집중하고 소위 레버리지를 통해 단기이익을 노리는 사람들은 계산기를 다시 한 번 꼼꼼히 눌러보기를 바란다.

부동산은 실물경기와 맞물려 오르고 내리기를 반복한다. 그러나 우리의 부동산시장은 일부 투기세력, 정부의 인위적 부양책에 의해 시장의 가격이 왜곡되는 일이 반복된다. 이 과정에서 손해를 보는 것은 언제나 실수요자들이다.

연도별 주택보급률 변화

기준 연도	2010년	2011년	2012년	2013년	2014년	2015년
주택 보급률(%)	100.5	100.9	101.1	101.3	101.9	102.3

-. 주택보급률 최고 세종시 123.1%, 최저 서울 96%
-. 주택보급률은 가구 수로 나눠서 계산

5

인구절벽 시대의
대한민국 부동산

　　　　나는 실체 없는 근거를 가지고 부동산 투기를 조장하는 세력도 싫지만 부동산투자를 개인의 신념과 연결하여 무조건 비난하는 세력도 싫다. 시장은 너무나 다양한 변수를 가지고 움직이는 것으로 최대한 객관적 사실과 통찰력을 가지고 접근해야 한다.

　최근 부동산 비관론자들이 매번 들이미는 자료가 우리도 일본처럼 인구절벽 시대로 본격 진입했으니 일본의 잃어버린 20년을 반면교사로 삼고 대응해야 한다는 것이다. 일본이 20년 동안 인구절벽 현상으로 무엇을 잃어버렸는지 체험한 적이 없는 나로서는 알 길이 없으나 인구절벽으로 예상되는 경제의 변화는 상식 수준에서 그 변화를 가늠해 볼 수는 있다.

　일본의 잃어버린 20년은 인구절벽으로부터 시작됐다. 출생률이 감소하고 고령인구가 증가되면서 제조업 가동률은 떨어지고 내수경기의 장기간 침체가 이어졌다. 인구 증가, 경기 팽창시기에 건설된 신도시 중에서 유령단지가 생겨나고, 아파트 관리비도 내지 못해 불이 꺼진 아파트도 하나둘 늘어갔다. **현재 우리나라에 이런 아파트단지가 있는지는 의문이다.**

아베정부가 들어선 후 극단적인 양적완화정책, 기준금리 인하 등의 경기부양책을 적극적으로 실행하면서 경기가 되살아나고 있다. 이와 같은 정부에 의한 인위적인 경기부양정책이 반짝 효과로 끝날지, 아니면 일본 경제의 체질을 바꾸며 계속 이어질지는 지켜볼 일이다. 일단 아베정부가 지속적으로 펼쳐온 양적완화정책은 일부 성공한 것으로 보인다. 일본정부의 양적완화정책과 BOJ(일본중앙은행)의 마이너스 기준금리 운용의 효과로 우선 청년실업이 감소됐고 이는 양적완화정책이 의도한 대로 내수경기가 활성화된 결과에 의한 것이다.

그러나 우리나라는 일본과 다르다. 미국의 달러, 일본의 엔화처럼 우리나라의 원화는 세계 기축통화가 아니다. 따라서 우리가 독자적으로 미국이나 일본 유로존 국가들처럼 양적완화정책을 실행하기는 어렵다. 특히 우리나라는 수출경제국가이기 때문에 주요 수출대상국인 이들 나라와 교역하는 데 있어서 환율과 금리운용정책에 제약을 받는 입장이다. 따라서 우리나라는 일본처럼 경제활성화를 위해 극단적인 양적완화 마이너스 금리정책을 운용하는 것에는 한계가 있어 왔다.

인구절벽으로 출생아 수는 줄어들고 고령인구가 늘어나면 내수경기의 침체, 청년실업, 고령인구의 증가, 제조업 생산공장의 탈 세계화로 국내 제조업 가동률은 떨어지고 고용조건도 악화될 것이다. 이는 미래의 일이 아니라 이미 한국에서 광범위하게 진행되고 있는 악재들이다. 조기퇴직자의 증가는 골목상권 창업으로 이어지고 이는 극심한 골목상권의 경쟁으로 이어진다. 2016년 말 기준으로 우리나라의 음식점은 65만 개로 인구 7.8명당 하나일 정도로 팽창되어 있다. 여기에 프랜차이즈 가맹점들이 골목상권을 싹쓸이하다시피 하는 환경에서 창업자들이 살아남기는 더 어렵다. 그런데도 창업자의 골목상권 창업은 계속 늘고 있다.

악순환의 고리를 끊어야 한다는 데는 모두 공감하지만 그 대안이 없다는 것이 문제다. 왜 모든 사람들이 건물주가 되기를 소망하는지 이 사례만 봐도 알 수 있다.

경기침체, 높은 임대료를 못 견디고 임차인이 나가도 또 다른 임차인이 꼬리에 꼬리를 물고 들어차니 그들에게 불황은 남의 얘기일 뿐이다. 문재인정부의 공약인 주택표준임대료, 임대료 상한제가 하루 속히 입법화되어 그들의 부담을 조금이라도 덜어주길 기대한다.

인구절벽이 부동산시장에는 어떤 영향을 미칠까. 인구의 감소로 부동산시장의 잠재수요층이 줄어들면 당연히 집값이 떨어지리라 생각하지만 이는 그렇게 간단한 문제가 아니다.

　우리나라의 주택시장은 집합건물인 아파트를 중심으로 급속하게 성장해 왔다. 현재 우리나라는 전통적인 가족형태가 해체되면서 가족분화가 급속히 진행되고 있다. 이 현상을 두고 부동산 성장론자들은 인구가 감소해도 1,2인 가구는 늘고 있으므로 아파트시장에 큰 영향을 주지 못할 것이라고 말한다. 그러나 이들은 절대소득이 적은 사람들이다. 서울에 거주하는 30대 중에서 내 집을 갖고 있는 사람은 15%에 불과하다. 이들의 절반 이상은 월세로 산다. 이들이라고 비싼 월세 주고 살고 싶겠는가. 기회비용 측면에서도 손해다. 이들의 소득에 비해 서울의 집값은 너무 비싸다. 요즘 청년층이 월세 살면서 자동차부터 사고 해외여행을 즐긴다고 무작정 비난하는 것은 그들이 처한 현실을 모르기 때문이다.

　전통적인 가족의 형태가 분화되어 1,2인 가구가 증가해도 이 흐름이 아파트시장에 긍정적이지 않은 이유는 이들이 선호하는 주택은 자신들의 경제적 수준을 감안한 소위 스튜디오 주택이라고 부르는 임대주택이기 때문이다. 스튜디오 주택은 미국에서 유래한 개념으로 하나의 주거공간에 주방시설, 침실, 샤워실이 모여 있는 주택을 말한다. 우리나라에서 스튜디오 주택에 가까운 주택은 주거용오피스텔과 다가구원룸이다. 최근 들어 이 시장이 급팽창하고 있는 원인도 월세로 노후생활을 하는 퇴직자, 노년층과 경제 여건이 안 되는 청년층, 신혼부부의 이해가 맞아 떨어졌기 때문이다.

현재 서울 관악구 전체 가구의 77%가 독신가구다. 대학이 몰려 있는 신촌, 화양동도 독신가구가 전체 가구의 70% 수준이다. 서울에서 청년층 유동인구가 많은 지역은 예외 없이 대규모의 오피스텔, 고시원, 다가구원룸촌이 형성되어 있다. 이곳은 실평수 반지하 3~4 평의 원룸주택의 월세가 40만원에서 50만원 수준이다. 청년층의 소득에 비해 매우 높다. 그런데도 지불하는 월세에 비해 청년층의 주거환경은 너무나 열악하다. 다가구원룸 주인들에게는 쓴 얘기로 들리겠지만 한국자본주의는 산업계도 부동산시장도 청년들을 등쳐서 먹고사는 나라다.

하나의 경제현상에는 복잡한 경제변화의 흐름이 연관돼서 작용하기 때문에 부동산시장의 변화를 단순한 논리로 설명하기 어려운 부분이 있다.

앞에서 언급한 것처럼 '인구절벽 시대의 부동산시장'이라는 주제 아래 가장 많이 비교되는 곳은 일본이다. 일본의 경우 1988년 빈집이 394만 가구에서 2013년 820만 가구까지 증가했다. 저출산, 고령화, 유동인구의 감소 등으로 빈집이 늘면서 도시 경관이 악화되고 범죄 발생률마저 증가해 사회문제가 되고 있다. 그러나 일본 동경, 오사카 중심지역은 오히려 가격이 급상승하고 있다.

우리나라도 비슷한 면이 있다. 부동산 버블기에 지어진 용인시나 인구가 감소하는 중소도시는 미분양이 늘고 있지만, 전체 인구의 약 절반이 살고 있는 서울 수도권 주요 지역의 아파트는 가격이 오르고 있다. 신규 개발된 이 지역의 주요 아파트단지인 판교, 위례, 광교, 세곡, 내곡, 자곡, 마곡 지구 등은 지난 3~4년간 계속 올랐다. 실제 서울 집값은 우상향의 그래프를 보여주고 있다.

인구절벽 시대로 진입했다고 하여 모든 지역의 아파트가격이 떨어지는 것은 아니다. 아파트시장 전체는 아니지만 핵심권역의 주요 단지아파트는 오히려 반사이익을 얻고 있다.

우리나라의 주택보급률은 전국적으로 100%가 넘는다. 주택보급률에 포함되는 주택은 단지 아파트만이 아니다. 다가구, 다세대, 연립, 다중주택, 단독주택 등을 모두 포함한다. 한국의 주택시장에서 사람들이 가장 선호하는 주택인 아파트는 아직 수요에 비해 공급이 부족하다. 현재 아파트의 자가보유율은 임차비율과 비슷한 수치다. 아파트만 놓고 볼 때 자가주택보유율은 이제 겨우 50% 수준을 넘어서는 정도다. 서울 수도권은 전국 평균보다 더 낮다. 임차비율이 50%라는 얘기는 임차주거자들이 언제든 수요자로 위치를 이동할 수 있다는 얘기가 된다. 사람들은 이미 주택을 보유하고 있다고 해도 더 나은 주거여건을 가진 주택으로의 이동을 갈망한다.

인구절벽으로 인한 주택가치의 하락은 분명 불가피

한 면이 있다. 그러나 이를 주택시장의 전체에 적용시키는 것은 무리가 있다. 인구절벽으로 인한 주택가치의 하락에도 불구하고 오히려 반사이익을 얻을 곳, 예를 들어 교통조건의 획기적 개선으로 서울 접근성이 크게 개선된 곳, 청년인구의 유입이 크게 늘어난 지역의 소형아파트는 앞으로도 상승 가능성이 높다.

인구절벽 시대로의 본격적인 진입, 내수시장의 침체, 청년인구의 감소, 가족의 해체에 따른 독신가구의 증가로 인해 국내 부동산시장의 지형이 완전히 바뀌고 있다. 미래의 대한민국 부동산시장에서 당신은 무엇을 어떻게 투자해야 하는가. 고민이 깊어질 수밖에 없다.

인구가 줄어드는 축소도시 20곳(조사기간 1995년~2015년)
- 고착형: 태백 영주 상주 영천 밀양 공주 김제 정읍 남원
- 점진형: 동해 경주 익산 여수
- 급속형: 삼척 문경 안동 김천 보령 논산 나주
축소도시의 공통적 특징은 인구가 줄어들면서 빈집과 기반시설이 남아돌고 있다는 점이다.

다중, 다가구, 다세대, 연립주택의 비교
* 다중주택과 다가구주택
  단독주택은 순수한 형태의 단독주택, 다중주택, 다가구주택으로 구분한다.
  다중주택은 단독주택으로 다음의 3가지 조건이 충족되는 주택이다. 첫째

다수의 사람들이 장기간 거주할 수 있는 구조로 되어 있는 주택, 둘째 각 실별로 욕실은 설치할 수 있으나 취사시설은 설치되지 않는 곳으로 완전한 독립주거형태를 갖추고 있지 못한 주택, 셋째 연면적 330m²(100평) 이하로 층수가 3층 이하 주택으로 기숙사의 축소판이라고 할 수 있는 주택이다. 다른 점은 기숙사는 공동주택으로 다중주택은 단독주택으로 분류된다. 다중주택은 속칭 벌집형 주택이라고 부른다. 다중주택은 다가구원룸보다 월세가 상대적으로 싸다. 이 때문에 대학가 등지에서 많이 볼 수 있는 주택의 형태이다.

다가구주택은 집주인 1인이 건물전체를 소유하는 형태의 건축물이다. 다가구주택은 연면적이 660m² 이하로 지하1층 지상3층의 형태를 갖춘 건물이다.

* 다세대주택과 연립주택

다세대주택은 한 건물에 다수의 세대가 거주할 수 있도록 주거공간이 세대별로 분리되어 있는 주택으로 개별 소유가 가능한 주택이다. 주택건설촉진법에 의한 공동주택의 일종으로 건축연면적이 660m², 4층 이하의 주택을 말한다. 각 세대별로 등기를 별도로 하며 소유나 분양이 가능하다. 다세대주택은 연면적이 660m² 이하의 주택이라는 점과 총 세대 수가 19세대 이하라는 점에서는 다가구주택과 같지만 다가구주택은 소유주 한 명이 전체 건물을 소유하는 단독주택으로 분류된다. 흔히 주택시장에서 부르는 빌라는 다세대주택의 전형적인 형태다. 다세대주택은 지하층을 제외한 지상 4층 이하의 건축물로 1,2층이 상가로 되어 있는 상가주택의 경우 상가주택을 제외하고 그 위쪽의 주택만 해당된다.

연립주택은 660m²를 초과하는 4층 이하의 공동주택으로 내부 구조는 아파트와 같지만 난방은 개별난방방식이 주로 사용된다. 연립주택은 주택으로 사용되는 층수가 4층 이하라는 점에서는 다세대주택과 같지만 연면적이 660m² 이상이라는 점에서 다르다.

6

부동산가격,
결국 금리가 결정한다

금리변동에 울고 웃는 것이 투자상품이다. 지금 대한민국 부동산시장은 1,360조원에 이르는 가계부채라는 뇌관이 언제 터질지 모르는 지점에 있다. 우리가 금리인상에 촉각을 곤두세우고 있는 것도 이 때문이다. 금리, 과연 오를 것인가? 만약 오른다면 어느 정도까지 오를 것으로 예상되는가? 미국이 양적완화 정책을 후퇴시키면서 미국발 금리인상에 대한 시장의 우려는 점점 구체화되고 있다.

우려했던 그대로 2017년 6월 14일, 드디어 미국 연준이 기준금리를 1%~1.25%로 전격 인상했다. 이로써 미국의 기준금리는 우리나라의 기준금리와 동일해졌다. 미국의 기준금리가 국내 금리와 같아지자 기획재정부, 한국은행의 발걸음도 빨라지고 있다. 1360조원에 이르는 가계부채 뇌관이 언제 터질지 모르는 상황에서 정부와 금융

당국은 기준금리를 올릴 것인가. 올린다면 얼마나 올릴 것인가. 부동산시장의 관심이 온통 이 문제에 집중되어 있다.

사람들은 2014년 하반기에서 2017년 상반기까지 계속된 집값 상승에 결정적인 영향을 미친 요인으로 전 정부 집권 시기에 추진된 부동산규제 완화정책을 꼽고 있다. 국민의 집단지성에 크게 못 미치는 수준의 지력을 갖고 있는 전 대통령이 이 계획을 홀로 세우고 실행했다고는 누구도 믿지 않는다.

그의 수하에서 기생하던 기득권 세력들이 그렇게 하도록 그를 조종했을 것이다. 기득권 세력의 경제정책을 대표하는 최경환은 2014년 8월부터 연속적으로 부동산 규제완화정책을 발표하기 시작한다. 그리하여 수도권을 중심으로 하는 분양권전매 완화, 청약자격제한 완화, 집단대출 완화, 재건축아파트 연한 완화에 이르기까지 부동산규제 완화정책이 숨 가쁘게 추진됐다. 이로 인해 서울 강남, 노원, 양천구에 속해 있는 재건축단지 중에서 재건축 시기가 도래하지 않은 단지들까지 재건축이 가능해졌다. 여기에 아파트분양가 상한제까지 규제가 풀어지면서 재건축, 분양아파트시장에 단기 차익을 노리는 세력이 증가해 부동산시장을 투기판으로 만들어 버렸다. 분명 정상적인 시장 흐름은 아니었다. 정부가 시장에 인위적으로 개입해 부풀려진 버블은 시장에 심각한 후유증을 남긴다.

클린턴이 재선 선거 당시 언급하여 유명해진 "바보야, 문제는 경제야"라는 말을 되새겨 보자. 민심의 이반이든 지지든 결국 그 중심

에는 경제문제가 있음을 강조하는 말이다. 전 정부의 수장이 국정농
단으로 탄핵을 받은 일은 누구나 아는 사실이다. 그러나 그 이면에
는 경제 불평등으로 인한 성난 국민의 민심이 있었다.

그들이 친재벌 중심의 경제관을 갖고 있다는 사실은 알고 있었지
만, 재벌 대기업 부자들에게 직접증세는 못하고 담배세, 유류세 등
서민들의 생활에 직접 피해를 주는 간접세를 올려 가뜩이나 소득 양
극화로 분노에 차 있던 국민들의 분노에 불을 지른 결과, 민심이 떠
난 것이다. 이 부분은 문재인정부도 반면교사로 삼아야 한다. 집권
초기 국민의 지지에 안주하거나 기득권 세력의 저항을 두려워 해 일
련의 개혁정책을 폐기한다면 민심이 돌아서는 것은 순식간이다.

주요 선진국들 모두 양적완화정책을 실행하면서 세계 자본주의에
편입된 우리나라도 이 흐름에서 벗어나지 못한다. 그리하여 우리나
라는 지금껏 단 한 번도 경험해보지 못한 초저금리 시대를 겪고 있
다. 실질금리 마이너스 시대가 계속되면서 시중의 돈이 투자처를 찾
지 못하고 있다.

2008년 이후 부동산시장의 침체로 미래의 부동산시장에 확신을
갖지 못한 세입자들은 전세가가 가파르게 올라도 아파트를 매입하
기보다는 전세를 선택에 살았다. 그런데 이 아슬아슬한 대치국면이
정부의 부동산 규제완화 정책으로 말미암아 무너진 것이다. 시장은
계속된 저금리로 레버리지에 대한 기대감이 있었고, 자산가들은 예
금에서 인출한 돈을 쥐고 있는 상태였다. 자산가들을 중심으로 꼬마

빌딩, 상가, 오피스텔, 다가구주택에 대한 투자 붐이 일었던 기저에는 저금리로 인한 은행권 상품 수익률 악화라는 배경이 있었다.

투자시장의 격언 중에 "정말 큰 장은 금융장세"라는 말이 있다. 그러니까 실물경제의 펀더멘털 개선에 의한 개별 투자상품의 수익 향상보다 저금리로 인해 시장의 자금이 투자상품에 몰려 상품의 가격을 올리는 강력한 장이 연출되는 것이다. 이러한 장세를 금융장세 혹은 유동장세라고 부른다.

현재 같은 카테고리의 투자상품 내에서조차 가격의 양극화가 현저하게 진행 중이다. 주식시장에서는 일부 종목이 주가상승의 이익을 독점하고 있다. 코스피지수는 연일 사상 최고가를 갱신하고 있다. 주가는 현실의 경제 상태를 반영한다. 그런데 경제가 불황이라고 입에 달고 사는 시대에 경제흐름을 대변하다는 주가는 왜 오르는 것일까. 사상 초유의 저금리 현상으로 노후생활에 위험을 느낀 60대, 70대마저 매우 공격적으로 주식투자에 나서면서 벌어지는 현상이다.

결론은 금리는 투자상품의 가격에 절대적인 영향을 미친다. 이를 의심하지 말라.

그래서 우리는 앞으로의 금리 전망에 무척 관심이 많다. 앞으로의 금리, 어떻게 될까?

2012년 기준으로 3.2%였던 기준금리는 2012년 7월부터 하락해 2017년 6월 1.25%로 계속 하락하고 있다. 투자자의 입장에서는 반갑지 않다. 기준금리가 내리면 은행권의 거의 모든 금융상품은 수익률이 낮아진다. 이런 측면에서 금리 인상은 은행권의 고유계정상품, 회사채로 개인자산을 운용하는 사람에게는 좋은 일이다. 금리가 오르면 바로 내가 가입한 연금, 예금의 이자가 늘어나고, 금리가 오르면 수익률이 높아지는 채권의 특성을 감안할 때 금리 인상은 그들에게 호재이지 악재가 아니다.

그런데 우리는 지금 금리 인상을 걱정하고 있다. 소위 말하는 레버리지효과만 믿고 과도하게 빚을 내서 부동산투자에 나선 사람들이 많기 때문이다. 이들은 금리 인상으로 인해 가계부채라는 뇌관에 불똥이 튀지나 않을까 노심초사중이다.

우리나라의 가계빚 규모는 1360조원에 가깝고 계속 증가하고 있다. 가계부채가 늘어난 것이 모두 전 정부의 탓이라고 말한다면, 상투적으로 보일 수는 있어도 어쩔 수 없는 사실이다. 전 정부 집권 4년 동안 늘어난 가계부채 규모는 430조원이다. 정부가 나서서 본격적으로 빚을 권하던 2014년에서 2016년까지 2년간 늘어난 가계부채만 300조원 이상이다. 아예 정부가 나서서 은행 대출영업을 다 해준 꼴이다.

과도한 가계부채는 미국 연준의 금리 인상이 현실화되고 있음에도 한국은행이 기준금리 인상 카드를 주저하게 만드는 이유이기도 하다. 만약 한국은행이 기준금리를 올리면 즉각 은행의 주택담보 대출금리는 오르게 되어 있다. 만약 주택담보 금리가 2% 이상만 올라도 가계가 추가로 부담해야 하는 대출이자만 가구 당 평균 100만 원 이상이다. 여기에 원리금분할상환, 집단대출규제로 대출조건이 강화되면 과도하게 빚을 내서 집을 구매한 사람들부터 위기상황에 직면한다.

2016년 12월말 기준으로 가계빚은 1344조 3000억원으로 역대 최대 규모였다. 그럼에도 계속 늘어나고 있다. 최근에도 전년도 대비 141조 2,000억원 증가했다. 무서운 속도다.

최근 4년간 신규주택 담보대출자의 약 20%가 수도권의 아파트를 구입하면서 은행에 이자 원리금을 상환하는 데 월 소득의 절반 이상을 쓰고 있다. 5명 중 1명꼴로 총부채상환비율DTI이 50%가 넘는 한계가구다.

한국은행 기준금리는 1.25%, 주택담보 대출금리는 3%다. 만약 금리가 2% 오르면 3억원을 대출 받은 사람이 내야 하는 1년간 총 이자는 1,500만원으로 증가해 매달 이자로만 나가는 돈이125만원이다.

2017년 초 기준으로 가계빚의 최대 추정치는 1,500조원이고 최소치는 1,380조원에 이른다. 이는 정부의 1년 예산(2016년 기준) 401조원의 3.4배로 가구당 7,800만원, 국민 1인당 2,900만원의 빚을 지고 사는 꼴이다.

금융자산 10억원이 넘는 사람들의 평균 대출금은 5억원이다(하나금융경영연구소). 금리가 오르면 이들보다 더 큰 타격을 받는 사람들은 소득이 낮아, 은행대출이 어려운 사람들, 즉 부채가 자산보다 많고 원리금상환액이 처분가능소득의 40%를 초과하는 이른바 한계가구로 분류되는 사람들이다. 문제는 이들 한계가구가 계속 늘고 있다는 사실이다. 은행예금의 세금 공제 후 수익률이 1%가 안 되는 시대에 또 다른 쪽에서는 금리 인상으로 전전긍긍하는 사람들이 늘고 있는 아이러니한 현상이 연출되고 있다.

개인적인 생각으로는 한국은행의 기준금리 인상은 만약 오른다고 해도 1% 이내에 그칠 것이다. 예상되는 미국 연준의 금리 인상 속도를 감안한 부분과 세계적으로 주요 국가를 중심으로 저금리 기조가 아직까지는 크게 흔들리지 않고 있다는 사실에 기초해서 말하는 것이다.

일본의 10년만기국채 금리는 2017년 4월 26일 기준 0%대를 유지하고 있다. 일본은행BOJ은 2017년에도 기준금리를 −0.1%로 동결하는 통화관리 정책기조를 유지하고 있다. 2016년 1월 일본은 기준금리를 마이너스로 낮춘 이후 일관된 저금리정책을 고수하고 있다. 일본경제는 수출 증가, 내수경기 회복세가 감지되고는 있지만, 가계와 개인소비 등에서는 여전히 확실한 회복이 가시화되지 않고 있다.

미국 연준은 2017년 6월 14일 기준금리를 1%~1.25%로 올렸다.

최근에도 미국 금융당국이 금리 인상 속도를 완만히 조정한다고 표현한 것은 경기회복 속도에 따라 추가 금리 인상의 여지를 둔 발언으로 2017년 하반기 이후 추가 금리 인상을 예고하고 있지만 과거처럼 금리를 공격적으로 올리기는 어려울 것이다.

영란은행(영국중앙은행, Bank of England)도 기준금리를 0.25%로 동결하고 있다(2017년 5월 11일 기준). 세계 각국의 통화정책, 기준금리 운용현황으로 판단할 때 과격한 금리 인상은 사실상 어렵다. 따라서 실수요자, 여유자금으로 투자하는 사람들은 금리 인상에 너무 겁먹을 필요는 없다.

문재인정부는 스스로 경제정책 운영의 목표를 일자리 창출과 내수경제의 활성화라고 말하고 있다. 문재인정부가 앞에서 제기한 미션을 완수하기 위해서는 내수경제의 활성화와 밀접한 관련이 있는 지금의 저금리 정책운용기조를 쉽게 포기하지 못할 것이다. 그렇다 하더라도 보수적인 투자자세를 취할 필요는 있다. 특히 신용등급이 낮은 사람, 개인자산에서 차지하는 가계부채 비중이 높은 사람은 추가적으로 빚을 내서 투자하는 것은 자제해야 한다.

오르고 있는 아파트 집단 대출금리(자료: 한국주택협회, 단위 %)

구 분	2015년 상반기	2016년 상반기	2017년 2월
시중은행	2.0 – 2.5	3.0 – 4.0	4.0 – 4.5
2금융권	3.0 – 3.5	3.4 – 4.3	4.5 – 5.0

7

문재인정부의 부동산정책 I
- 8.2부동산 대책을 중심으로

            문재인정부는 집권 후 한 달 보름이 지나
서 박근혜정부의 부동산 완화정책을 뒤집는 소위 6.19 부동산 규제
대책을 내놨다 그러나 6.19조치 이후에도 한국 부동산시장의 선도
시장이라 할 수 있는 강남 재건축단지의 가격 급등세가 멈추지 않자
지금까지 발표된 가장 강력한 부동산 규제대책으로 꼽히는 노무현
정부의 2005년 8.31 부동산대책에 버금가는 8.2조치를 발표했다. 부
동산시장에서 8.2 부동산대책은 8.31 부동산 종합대책 이후 12년 만
에 가장 강력한 부동산 규제정책이라고 말한다. 6.19대책이 주택시
장에서의 안정적 관리를 우선적으로 고려한 선별적 맞춤형 대응방
안이었다면 8.2 부동산대책은 강남의 재건축단지와 다주택보유자를
직접 겨냥하는 강력한 부동산 규제정책이다.

  8.2 부동산대책의 주요 규제 내용으로는 첫째 재건축조합원지위

양도금지, 둘째 LTV, DTI 주택대출비율 축소, 셋째 6억원 초과 주택구입 시 주택거래신고제의 도입, 넷째 다주택보유자에 대한 양도소득세 세율 인상정책을 골자로 하고 있다. 8.2대책이 발표된 후 서울 강남권을 중심으로 부동산시장의 과열은 진정국면으로 접어들고 있다.

이것이 정부조치로 인한 일시적 반응으로 끝날 것인지 아니면 부동산시장이 새로운 모멘텀으로 전환되는 것인지 단언할 수는 없다. 정부는 8.2대책이 끝이 아니며 임기 내내 지속적으로 실행될 것이라고 말하고 있다.

정부의 부동산정책은 정권이 바뀔 때마다 온탕과 냉탕을 오고가면서 시장에 혼돈을 주었던 것이 사실이다. 정부가 앞으로 부동산정책을 일관되게 유지한다니 이제 정부의 정책에 의해서 부동산시장이 오락가락하는 상황은 사라질 것으로 기대한다.

다주택자를 대상으로 하는 양도세 인상은 매매가 발생할 때마다 부과되는 거래세의 하나다. 따라서 다주택자가 집을 팔지 않으면 세금을 부과할 수 없다. 양도세, 취득세 등의 거래세는 정책의 효과 면에서 한계가 있다. 정말 정부가 다주택자들의 투기수요를 억제시켜 집값을 잡고자 한다면 다주택자의 미실현 이익에도 과세하는 보유세를 도입하고 보유기간에 따라 누진할증하는 과세정책을 실시해야 한다. 문제는 보유세 강화정책은 국민의 정치적 저항이 적지 않을 것이기 때문에 정부로서도 꺼내기 어려운 카드라는 점이다.

앞으로 부동산시장을 정상적으로 돌려놓으려면 2주택 이상 다주택자에 대한 보유세 누진할증을 시행하고, 보유세 인상으로 피해가 예상되는 세입자들을 위해 임대가 상승 제한, 임대기간 보장 등의 임대차보호법을 강화시키는 조치와 아파트 분양시장을 혼돈으로 빠트린 분양가상한제를 다시 원상복귀시켜야 한다. 실제 분양가상한제가 폐지된 후 서초구의 평당 분양가는 두 배 가까운 96.1%가 급등했다.

8.2 부동산대책은 노무현정부의 8.31대책과 데자뷰Dejavu라고 한다. 노무현정부는 집권 기간 17번의 부동산대책을 내놓았지만 소리만 요란했을 뿐 효과는 없었다. 그러나 금융위기가 발생한 2008년 이후부터는 정부가 시장에 개입하지 않았는데도 부동산시장은 스스로 안정을 넘어 깊은 추락의 길로 들어섰다. 어떤 이유에서였을까. 금융위기가 발생해 자본시장에서 금리가 폭등하고, 시장의 유동성이 급격하게 줄었기 때문이다. **결국 정부의 정책이 아닌 시장의 흐름에 따라 가격이 결정된다는 의미다.**

이 부분에서 우리가 중요하게 생각해야 하는 부분은 부동산시장의 변화는 정부의 규제정책이 아니라 금리와 유동성의 변화에 더 크게 영향을 받는다는 점이다. 8.2대책으로 투기과열지구에서 규제효과가 먹혀들었다면 이는 다른 요인보다 6.19 부동산대책 이후부터 이 지역에서 LTV, DTI를 40%로 축소시키면서 대출규제로 인해 유동성의 고리가 차단되었기에 가능했던 일이다. 만약 정부 규제에도 불구하고 지금처럼 실효금리 1% 시대가 지속되고 시중 유동성이 넘쳐난다면 정부가 아무리 강력한 부동산 규제정책을 내놓아도 효과를 발휘하기 어려울 것이다.

따라서 정부 규제정책의 마지막 카드는 금리 인상 카드가 될 확률이 높다. 정부가 기준금리를 2012년의 3% 수준으로만 올려도 대출금리는 예대마진을 고려할 때 현재보다 3% 정도 올라 6% 수준이 된다. 당장은 정부가 큰 폭으로 금리를 올릴 가능성은 높지 않다. 세계 금융시장의 금리동조화라는 흐름에서 우리나라만 예외적으로 금리를 올릴 수는 없기 때문이다. 세계 주요 경제국인 영국의 중앙은행 영란은행(BOE)은 2017년 8월 3일 기준금리를 0.25%로 동결했다. 미국 연준도 기존의 기준금리를 고수하고 있다. 정부가 보유세 인상, 금리 인상 카드를 꺼내들지 않는 한 부동산시장은 정부 정책으로 일시적으로 타격을 받겠지만 그 한계도 분명하다. 옛말에 "구더기 무서워 장 못 담그랴"라는 말이 있다. 정부의 강력한 부동산대책(정부의 표현)에도 불구하고 실수요자, 청약가점제에 유리한 무주택자는 오히려 좋은 지역을 선점하는 기회가 될 수도 있다. 시장은 정부가 움직이는 곳이 아니다.

8.2 부동산대책 주요내용 및 대응전략

해당지역 구분

조정대상지역 * 40개 지역	투기과열지구 * 27개 지역	투기지역 *12개 지역
-. 서울(25개구 전역) -. 경기(과천, 성남, 하남, 고양, 광명, 남양주, 동탄2) -. 부산(해운대, 연제, 동래, 부산 진남, 수영, 기장군) -. 세종	-. 서울(25개구 전역) -. 경기(과천) -. 세종	-. 서울(강남, 서초, 송파, 강동, 용산, 성동, 노원, 마포, 양천, 영등포, 강서구) 세종

조사 대상지역, 투기과열지구, 투기지역 공통 내용

* 청약 1순위 자격요건 강화

    -. 청약통장 가입 후 2년 경과 +납입횟수 24회 이상

    -. 가점제 적용 확대(조정대상지역 75%, 투기과열지구 100%)

* 오피스텔 소유권이전 등기 시까지 전매제한 강화 및 거주자 우선 분양 20% 적용

* 양도세율 가산세율 적용

    -. 2주택자 + 10%p

    -. 3주택자 + 20%p

    -. 다주택자 장기보유 특별공제 적용 배제

    -. 1주택 1세대 양도세 비과세 요건 강화(2년 이상 보유에서 2년 이상 실제거주 요건 추가)

    -. 분양권전매 양도세율 50% 일괄 적용

투기과열지구, 투기지역 공통 내용

* 재개발, 재건축 규제 정비

  - 재개발 재건축 조합원 전매제한(소유권이전 등기 시)

  - 정비사업 분양(조합원/일반) 재당첨 제한(5년)

  - 재건축 조합원 양도제한, 예외사유 강화

  - 주택 거래 시 자금조달계획, 입주계획신고 의무화

* LTV, DTI 40% 적용

  - 주택담보대출 1건 이상 보유세대 30% 적용

  - 주택 실수요자 50% 적용

  - 주택담보대출 건수 제한: 차주당 1건에서 세대당 1건(투지지역만 해당)

8.2 부동산대책 내용 해설과 대응 전략

* 양도소득세 강화와 보유세 현실화의 문제

8.2 부동산대책으로 양도소득세 세율은 2주택자부터 기본 세율이 10%포인트 높아지고, 3주택자는 20%포인트 높아진다. 1주택자는 지금까지는 9억원 이하의 주택을 2년 이상 보유하면 양도세가 면제되었지만 이 조건이 앞으로는 2년 보유에서 2년 거주로 바뀌게 되었다. 보유기간에 따라 양도차익의 최대 30%까지 공제받을 수 있었던 장기보유 특별공제 혜택도 없어졌다. 양도세 세율인상 조치는 법 개정을 거쳐 2018년 4월 1일부터 시행된다. 정부가 양도세 중과시점을 2018년 4월 1일로 정한 것은 다주택자에게 2018년 4월 이전까지 집을 팔 것을 강력하게 요구하는 것이다. 하지만 집은 팔려고 내놓는다고 팔리는 것이 아니다. 시장에 매수자가 없으면 거래마저 끊기게 되어 거래절벽이 올 수도 있다.

8.2대책은 노무현정부 시절의 8.31 부동산종합대책과 비교된다. 당시 정책이 시행된 후 강남이나 목동 등 서울 인기지역의 청약경쟁률과 집값이 오르는 등 정책의 실패로 귀결되었지만 지금은 그때와 달리 입주물량이 증

가하는 등 변수가 많다. 그리고 서울은 여전히 공급이 부족한 상황으로 거래절벽이 오래 가지는 않을 것으로 예상할 수 있다.

양도소득세 가산조치에 대응해 다주택자가 할 수 있는 선택지는 양도세 인상조치가 실행되는 2018년 4월 이전에 보유하고 있는 주택을 매도하거나 임대주택사업자로 등록하는 일이다. 다주택자들의 임대주택 공급이 주택시장 안정에 필요하다는 점을 인정하고 이들로 하여금 사회적 책무를 다하도록 하는 것이 정부의 방침이다. 현재는 전체 임대사업자의 10% 정도만 등록한 것으로 추산된다. 대다수는 미등록상태에서 임대사업을 하고 있어 임대차 계약내용을 제대로 파악하기 어렵고 소득에 대한 과세도 불가능하다. 임대사업자등록이 활성화되면 이 문제는 자연스럽게 해결된다. 임대사업자로 등록하면 연간임대료 상승률이 5% 이내로 제한되고 최소 4년 이상 임대계약을 맺어야 하기 때문에 임차인의 주거 안정에도 도움이 된다.

정부는 무조건 다주택자들의 주택을 처분하라는 것이 아니고 임대사업등록을 통해 제도권 내로 들어와 예측 가능한 정책을 실현하는 것이 목적이다. 다만 전세를 안고 투자해 다주택자의 지위를 갖는 갭투자 투기세력을 근절해야만 한다.

* 재건축아파트 조합원지위 양도금지 조치

2017년 8월 3일 기준으로 투기과열지구인 서울지역에서 재건축을 추진 중인 단지는 총 10만 8천 가구로 이 중에서 조합설립 인가를 받은 단지는 5만 5,655가구다.

강남권의 반포주공 1단지, 개포주공 1~4단지, 개포시영 등 이미 조합설립 인가를 받은 5만 5655가구는 8.2대책 발표 이후 조합원지위 양도금지가 적용된다. 따라서 이 지역 내의 재건축아파트는 조합원지위를 매도할 수는 있어도 이를 산 사람은 조합원의 지위로 아파트분양을 받을 수 없다. 조합원지위를 얻지 못하고 향후에 아파트 대신에 현금으로 돌려받는 현금청산 대상자가 된다. 현금청산 대상인 재건축아파트를 사려는 사람은 거의 없다. 따라서 이를 감안해보면 사실상 팔기 어렵다.

현재 서울 강남권에서 재건축을 추진 중인 아파트의 상당수는 이미 조합설립 인가를 받은 상태다. 재건축 초기 단계에 있는 5만 2000가구는 거래제한을 적용받지 않는다.

2017년 9월 기준으로 재건축 추진위원회를 구성하고 재건축을 추진하고 있는 서울 강남구 압구정 현대, 정비구역지정을 준비중인 대치동 은마아파트, 지구단위 계획을 수립 중인 목동 신시가지아파트 등이 대표적으로 이들 단지는 최소한 조합설립 인가 전까지는 조합원지위를 양도할 수 있다.

조합설립 인가를 받았다고 해서 모든 재건축단지의 아파트 거래가 금지되는 것은 아니다. 예외 조건이 있다. 도시 및 주거환경 정비법 시행령에 따르면 질병, 직장이전 등으로 불가피하게 주택을 양도하는 경우에는 투기과열지구에서도 재건축조합원 지위를 양도할 수 있다.

또 재건축아파트를 2년 이상 소유한 자에 한해서 조합설립 인가 이후 2년 내 사업시행 인가를 신청 못한 경우, 사업시행 인가 이후 2년 내 착공을 못한 경우에는 조합원지위 양도를 허용하고 있다.

다만 이 조항의 경우 국토부는 앞으로 시행령 개정을 통해 이 기준을 각각 3년으로 강화할 방침이다. 주택 보유기간도 똑같이 3년으로 연장한다.

* 주택담보대출 축소

투기과열지구로 지정된 곳에서는 LTV(주택담보이정비율), DTI(총부채상환비율)가 40%로 축소된다. 6.19대책 이전의 70%와 비교해 30%가 줄어들게 되는 것이다. 앞으로 이 지역에서는 8월 2일 이후 입주자 모집공고가 나온 사업장부터 아파트 중도금대출과 잔금대출의 경우 LTV와 DTI는 40% 적용을 받는다.

투기지역 내에서의 주택담보대출은 세대당 3건에서 세대당 1건으로 제한되고 중도금대출뿐 아니라 잔금대출, 집단대출도 포함된다. 투기지역에서 주택을 한 채 보유하고 있으면 대출을 받아서 분양을 받거나 추가로 주택을 사는 길이 사실상 막히는 것이다. 그리고 주택담보대출을 1건 이상 보유한 세대가 추가로 대출을 받을 경우에는 LTV, DTI가 각각 10%씩 축소돼 30%만 적용받는다.

그러나 무주택세대주, 부부합산 연소득이 6,000천만원 이하인 서민과 실수요자에게는 투지지역, 투기과열지구는 6억원 이하 주택, 조정대상지역은 5억원 이하 주택의 경우 LTV, DTI가 각각 10%씩 상향조정된다.

*투기과열지구에서의 청약조건 강화

투기과열지구에서의 청약조건이 대거 강화됐다. 청약1순위 자격을 얻으려면 청약통장을 2년 동안 보유해야 하고, 24회 이상 납입해야 된다. 지금까지 1순위자격은 수도권의 경우 청약통장을 1년간 보유하고 12회 이상 납입하면 얻을 수 있었다.

투지과열지구 내에서의 전용면적 85m² 이하 아파트 청약에서는 추첨 없이 100% 가점제를 적용한다. 무주택기간과 부양가족 수 등을 따져서 내 집 마련이 꼭 필요한 순서대로 분양하겠다는 것이다.

청약조정대상 지역에서는 전용 85m² 이하는 75%, 85m² 초과는 30%를 가점제로 뽑는다. 부적격 당첨자로 인한 예비입주자 선정에서도 이전에는 추첨제로 했지만 이제부터는 가점제가 적용된다.

가점제로 당첨된 사람과 그 가족(세대원)은 2년간 어느 곳에서도 다시 가점제 청약을 받을 수 없도록 청약제도를 개편한다. 1순위 가점이 높은 무주택자가 재당첨 제한이 없는 지역의 아파트를 분양받아 웃돈을 받고 분양권을 사고파는 행위를 막기 위해서다.

분양권전매에 대한 과세는 기존에 1년 이내의 경우 50%, 1년 이상 2년 미만 40%, 2년 이상 6%~40%에서 일괄적으로 50% 양도세율을 적용한다.

노무현정부는 집권 5년 동안 크고 작은 부동산정책을 17번이나 발표했다. 정부의 부동산정책은 부동산 과다보유자의 규제를 통해 부의 정의를 실현하기 위해서다. 이러한 목적을 이루기 위해서는 다주택보유자, 임대소득자에게 보유세 누진할증제와 부동산거래실명제를 통해 거래의 투명성과 과세의 적정성을 실현하는 것이 필요하다. 보유세를 통한 세원의 투명성을 확보하기위해 거래실명제는 필요하다. 그러나 보유세 강화가 1가구 1주택자와 실소유자에게 피해를 입혀서는 안 된다. 보유세는 재산세(지방세)와 종합부동산세(국세)를 통칭해서 부르는 용어를 말한다. 종부세는 종합부동산세의 줄임말이다. 종부세는 일정 기준을 초과하는 토지, 주택소유자에 대해 지자체가 부과하는 세금 외에 별도의 누진율을 적용해 부과하는 국세다. 부동산을 보유하고 있는 최상위 계층에 대한 중과세를 통해 1가구 1주택정책을 유도하고자 하는 목적에서 노무현정부 때인 2005년 도입됐다. 종부세는 전기요금 누진제처럼 단계적으로 세율이 높아지는 구조다. 종부세는 2008년 위헌판결을 받았다. 투기목적이 없는 1주택 장기보유자에게 과세하는 것은 재산권 침해로 헌법불일치 판결을 받았기 때문이다. 보유세의 입법화는 쉽지 않은 문제다.

보유세를 인상하면 다주택자에게는 치명적인 타격을 줄 것이다. 그러나 반대하는 세력에서는 보유세 인상분만큼 전월세 세입자들에게 피해분을 전가시켜 이들만 더 피해를 볼 수 있다고 주장한다. 따라서 세입자에게 피해가 가지 않도록 전월세 상한가를 제한하는 제도와 임차인보호를 보완하는 정책을 동시에 진행하는 것이 필요하다. 보유세 인상은 투기세력을 근절시키고 부동산시장을 정상화시키는 데 꼭 필요한 제도다. 그러나 입법의 주체인 국회의원 고위관료들이 다주택자가 가장 많은 집단이라는 것을 생각해보면 그들이 그들의 이익에 반하는 정책을 적극적으로 나서서 이 같은 조치를 취할 가능성은 희박하다.

8

문재인정부의 부동산정책 Ⅱ
- 철학과 전망

　　　　　　　보수진영에서 문재인정부를 두고 진보라
는 딱지로도 부족해서 좌파라고 몰아붙이는 것을 보면 그들의 지성
이 여전히 냉전시대의 이분법적 논리에서 벗어나지 못한 것 같아 보
기 딱할 정도다. 문재인정부가 일부 정치적 의제에 있어서는 진보적
일 수 있지만 경제정책은 시장친화적이라는 면에서 전 정부와 크게
다르지 않다. 하긴 당당한 주류경제의 일파로 자리 잡고 있는 케인
지학파조차도 좌파라고 비난하는 사람들에게 무엇을 기대하겠는가.
문재인정부의 초대 경제부총리로 임명되어 한국경제를 선두에서 지
휘하는 선장으로 등극한 김동연이 좌파인가. 그는 한국경제의 성장
논리를 잘 따라온 정통 보수관료 출신이다.
　개발성장 시대에 관료에 입문한 한국정부의 고위관료들은 여전히
국가가 시장에 개입해 언제든 주요 경제문제를 교통정리할 수 있다

고 생각한다. 그래서 정치지형은 보수에서 진보정부로 교체됐어도 관료들의 본질은 변하지 않는다. 정부의 시장개입은 수시로 발생할 것이다. 그래서 부동산시장에서 정부는 여전히 막강한 권력자다.

과거 군사정권 아래에서는 강력한 경제드라이브 정책을 실행하여, 국가가 시장을 주도하고 개별기업의 경영까지 세세하게 개입하였다. 그 당시 6대 시중은행의 은행상품 금리까지 정부가 정해주다 보니 시중은행의 금리가 모두 동일했다. 지금은 믿기지 않지만 엄연한 사실이다.

이 형태를 두고 경제학자들은 "이는 경제주체가 시장을 주도하는 시장경제도 아니고 자본주의의 이념에도 맞지 않는다"고 말한다. 맞는 말이다. 국가가 시장에 개입해 서민 중산층의 이익을 소외시키고 경제성장이라는 명분으로 금융자본, 재벌, 기득권자들의 이익을 우선시하는 정책은 국가주도 자본주의를 넘어서 사회주의에 가깝다. 시장방임을 중시하는 보수경제학자들은 국가가 개입해서 시장을 장악하는 정책을 두고 좌파경제라고 한다. 좌파경제면 어떤가. 정부가 시장에 개입해 기득권자들의 이익이 아닌 사회적 약자, 서민, 중산층의 편에서 그들에게 이익이 되는 정책을 편다면 말이다.

대한민국 부동산시장이 제대로 작동되기 위해서는 부동산시장의 가격을 교란시키는 투기세력, 다주택 보유자들에게 매매차익에 대한 세금 강화정책을 실행하여 강력한 경고를 내려야 한다. 그래야만 투기세력의 탐욕을 억제시킬 수 있다. 그러나 새 정부 역시 보유세 현실화라는 방울을 고양이 목에 걸기는 어려울 것이다. 부동산 세금 인상은 우선 기득권층뿐 아니라 일반국민의 정치적 저항이 두렵고 국가의 미래를 걱정하는 그래서 개인의 이익에 집착하지 않는 정의로운 소수의 국민들을 제외하면 이 정책을 지지할 사람이 그다지 많지 않기 때문이다.

우리나라 서민 중산층의 문제는 모든 문제를 개인화한다는 데 있다. 자신이 기득권자가 아니면서도 기득권자의 편에서 생각하고 그들의 이익을 나의 이익과 동일시하는 유사 기득권 증후군에 걸려있다.

인사청문회에 나온 후보자의 공통점은 정치적 색깔이 아니라 그들 대부분이 강남에 집을 소유하고 있다는 점이다. 강남아파트 숫자는 전국 아파트 수의 약 2%다. 단순하게 말해 그들은 상위 2%에만 허락되는 강남아파트의 주인이다. 사람의 의식과 행동은 그가 서 있는 물적 토대에 심히 영향을 받는다. 그들이 그들의 경제적 위치에 반하는 정책을 실행한다는 것이 그래서 어려운 일이다. 이는 좋다 나쁘다의 문제가 아니라 선택의 문제이다. 인간은 자신의 물적 토대에 이익이 되는 방향으로 행동한다. 태생적으로 탐욕적인 인간의 한계다.

나는 개인적으로 문재인정부가 무리수를 둬가면서 강력한 부동산 규제정책을 계속 실행할 것이라고는 믿지 않는다. 따라서 실수요자라면 전체가 아닌 지역적 차이를 잘 판단해 집을 사는 것까지 부정적으로 생각하지 말라.

새 정부 출범 후 부동산 가격이 올랐다. 정부가 바뀌면서 시장의 불확실성이 제거됐기 때문인지 아니면 건설사의 광고 유치를 의식해 언론이 대중조작에 나선 때문이지 나로서는 확신할 수 없다. 다만 8.2 부동산대책 발표 이후 강남 재건축단지를 중심으로 한 부동산시장의 과열은 진정 상태에 있다.

우리나라의 부동산 문제는 비단 다주택보유자나 기득권자, 투기꾼들만의 문제가 아니다. 실수요자들도 당장 직면해 있는 문제다. 투기꾼들이야 집값이 하락해도 손절매하고 이 고리를 끊고 나갈 수 있는 자금여력이 있지만, 실수요자는 이를 끌어안고 살 수밖에 없다. 부동산 규제정책으로 인한 집값 하락은 실수요자에게 직격탄을 날린다.

문재인정부는 대선공약으로 부동산 보유세 인상과 공공주택 100만 호 공급, 전월세 상한제 및 계약갱신청구권 도입을 약속했다. 문재인 대통령은 2012년 대선에서도 보유세 인상 공약을 내건 바 있다. 보유세는 재산세와 종합부동산세를 합해 부과된다. 재산세는 모든 부동산 보유자에게 부과하지만 종부세는 고액 부동산 보유자에게 부과하는 세금이다. 정부는 보유세를 1%까지 상향조정한다고 하지만 재원마련에 대한 조세저항이 만만치 않을 것으로 예상된다.

현재 우리나라의 총 주택공급 수는 2,000만 채에 이른다. 이중 1주택보유자는 800만 명이고 2주택보유자는 200만 명, 3주택 이상 보유자는 80만 명이다. **정부 소유분 120만 채를 빼면 결국 3주택 이상 보유자 80만 명이 700만 가구를 쥐고 흔드는 꼴이다.**

다주택보유자의 물량은 전체 가구에서 차지하는 비중이 매우 높다. 3가구 이상을 보유한 80만 명 다주택자의 투자 방향에 따라서 주택시장, 특히 임대시장 전체가 요동친다. 이러한 소유 분포도 하에서는 주택시장이 성숙해지기를 기대하기 어렵다.

정부는 보유세 현실화 정책을 통해 공공주택 100만 호를 공급하겠다는 의지도 밝혔다. 이와 함께 청년 주택문제 해결을 위해 셰어하우스 공공임대주택 5만 호 공급, 역세권 개발을 통한 청년주택 공급, 대학기숙사 확대(5만 명 수용) 계획도 발표했다. 또 매년 10조원, 5년간 50조원의 공적재원을 투입해 뉴타운재개발 사업을 중단한 500여 개 구도심과 노후 주거지를 살리는 도시재생뉴딜사업 추진도 예고하고 있다. 이밖에 당론으로 정하고 있는 전월세 상한제 및 계약갱신청구권 등도 추진하고 있다.

문재인정부의 부동산 보유세 강화, 공공임대주택 공급 확대, 주택상가 임대차보호법 강화, 주택담보 대출규제 정책은 이전 정부의 부동산정책과 차별화된 것임은 분명하다.

문제인정부의 부동산정책 공약은 부동산 자산양극화 해소, 부자들에게 세금을 더 걷어 주거안정 복지를 꾀하는 것에 초점을 맞추고 있다. 이러한 목표를 달성하기 위해 앞에서 소개한 부동산정책을 실시하겠다는 것이다. 과연 공약대로 진행될지는 지켜 볼 일이다.

문재인정부의 경제 목표 1순위는 일자리 창출이다. 일자리 창출을 위해서는 경제성장이 반드시 뒷받침되어야 한다. 부동산은 경제성장률에 절대적인 영향을 미친다. 부동산시장이 침체되어 경제성장률이 하락하는 것을 정부도 원치 않을 것이다. 따라서 정부의 정책 방향에 일비일희하지 말고 시장의 흐름에 주목하여 투자대상을 선택하고 투자시기를 조율할 필요가 있다.

9

도시재생 뉴딜사업이란 무엇이며, 젠트리피케이션이란?

10년 전 이명박이 서울시장으로 재직할 당시 서울 구도심 뉴타운재개발 사업이 본격 추진되면서 서울의 거의 모든 재개발 대상 예정지에서는 재개발이 된다는 첩보 수준의 정보만으로도 구가옥의 대지 지분이 급등했다. 이 시기에는 대지 지분 쪼개기가 극성을 부렸다.

한강벨트축 선상에 있던 용산, 한남, 성수 지구에서는 대지 지분 한 평이 1억원을 호가하는 곳까지 있었다. 그 후 뉴타운재개발은 경기도 인구 50만 이상의 7대 도시와 인천시 등으로 번져 서울 수도권 전체가 뉴타운재개발 홍역을 앓게 되었다. 여당, 야당 구분 없이 총선에 출마한 서울 수도권 후보의 제1선거공약은 뉴타운재개발 추진이었다.

국가와 국민 모두가 뉴타운재개발로 미쳐 돌아가는 시기였다고 해도 과언이 아니었다. 구도심 뉴타운재개발 추진으로 이 지역에 외부 투기꾼들이 몰려들면서 이곳에 생활터전을 잡고 살던 원주민 세입자들은 개발이익에 비해 보잘것없는 보상금을 받고 거의 내쫓기다시피 나갔다. 그 후 뉴타운재개발에 대한 여론의 비난이 거세지고 사업추진마저 지지부진해지면서 많은 지역에서 재개발조합이 해체되었고 이틈을 비집고 자생적인 도시재생 붐이 일고 있다. 문재인정부는 혼돈을 거듭하던 뉴타운재개발지역에 대한 새로운 개발모델인 도시재생 뉴딜사업을 본격적으로 추진할 것을 예고한다.

말 많고 탈도 많았던 구도심 뉴타운재개발을 대체하는 사업이 바로 도시재생 뉴딜사업이다. 도시재생 뉴딜사업은 문재인정부의 부동산 주요 공약 중 하나로 사안의 긴박성에 비추어 신속하게 실행에 옮겨질 가능성이 크다.

도시재생이란 재개발(뉴타운) 해제지역, 폐공장 부지, 철도 역사, 전통시장, 노후된 저층 주거지 등을 지역 맞춤형으로 되살리는 도시정비사업이다. 도시재생사업은 재개발처럼 특정 지역을 불도저로 밀어내고 콘크리트 아파트로 덧칠하는 기존의 재개발(뉴타운) 방식이 아니다. 기존의 형태는 가능한 유지하는 상태에서 도로, 공원 등 부족한 기반시설을 확충하는 방식이다.

도시재생사업에는 매년 10조원씩 총 50조원을 투입해 500곳에 실행할 예정이다. 도시재생사업을 신속하고 체계적으로 추진하기 위해서는 공약을 뒷받침할 자원조달 방안 마련, 대상지역 선정 등의 작업을 효율적으로 준비해야 한다.

아파트공화국이라고 해도 과언이 아닌 우리나라에서 도시재생사업은 기존의 패러다임을 뒤집는 발상의 전환이다. 한때 뉴타운재개발지구로 지정됐던 구도심지역을 중심으로 상권 부활을 위해 자연발생적으로 도시재생이 이뤄지는 곳이 많다.

기존의 재개발은 무조건 때려 부수고 집값만 올려 원주민을 내쫓고 건설사만 배불려주는 정책이었다. 그러나 도시재생사업은 원주민에게 실질적으로 도움이 되는 정책이다. 낙후된 지역이나 개발이 필요한 구도심을 살기 좋게 만들어 원주민의 삶의 질과 경제적 향상을 도모할 가능성이 크다.

정부의 취지는 환영하지만 매번 그렇듯이 배가 산으로 가는 건 아닐까 걱정하지 않을 수 없다. 도시재생 뉴딜사업 추진 과정에서 역시나 우려되는 부분은 기존의 세입자들이 임대료 상승으로 젠트리피케이션Gentrification 현상이 심화될 것으로 예상되기 때문이다.

젠트리피케이션은 2000년대 초반만 하더라고 주로 대도시 도심지에서 발생하는 사회현상이었다. 국내 독자들에게는 다소 생소한 단어일 것이다. 젠트리피케이션이라는 용어가 본격적으로 사용되기 시작한 시점은 2010년쯤이었다. 서울에서 핫프레이스로 떠오른 상권에서 기존에 터를 잡고 살아가던 영세상인들이 임대료가 오르자 치솟는 임대료를 감당하지 못하고 생활터전에서 밀려나는 현상을 빗대어 유행하기 시작했다.

젠트리피케이션은 본래 신사 계급을 뜻하는 젠트리Gentry라는 단어에서 파생했는데, 1964년 영국의 사회학자 루스 글라스가 처음 사용했다. 글라스는 영국 런던에서 새로운 중산층의 유입으로 도심지가 다시 살아나면서 이곳에 자리 잡고 살던 노동자 계층이 주택 가격의 상승으로 쫓겨나기 시작하자 이 현상을 젠트리피케이션으로 표현했다.

2000년대 후반 서울의 삼청동, 북촌, 서촌, 홍대입구 주변, 이태원 경리단길, 연남동, 망원동, 강남 신사동 가로수길 등의 지역은 문화예술가와 소상공인들이 몰리고 유동인구가 집중되면서 새로운 상권으로 떠올랐다. 그러나 정작 건물주들은 상권 부활의 주역인 영세상인들과 문화예술인들을 쫓아내면서 젠트리피케이션이라는 용어가 세간에 널리 퍼졌다. 이 와중에 "조물주 위에 건물주"라는 말이 생겼다.

우리나라의 젠트리피케이션은 선진국과는 다른 양상으로 나타난다. 주민들을 중심으로 발생하는 서구유럽의 대도시와 달리 우리나라는 주로 임차상인들을 대상으로 발생하고 있다. 특히 젠트리피케이션이 일어난 지역이 활성화되는 데 별다른 역할을 하지 않은 부동산 자산가나 외부투자자들이 이익을 독식하면서 사회문제가 되고 있다. 서울의 낡고 허름한 다가구 다세대가 몰려 있어 주거지역으로 열악한 조건에 있었던 망원동, 이태원 경리단길, 봉천동 샤로수길 등은 자생적으로 영세상인들이 몰려들어 동네 가치를 높인 대표적인 곳이다.

서울시가 발표한 젠트리피케이션 데이터 분석에 다르면 서울 마포구 상수동의 경우 2001년 44%에 불과했던 음식점 건물의 외지인 소유 비율이 2011년 62%로 증가하더니 2015년에는 66%까지 올라갔다. 서울에서 젠트리피케이션 현상이 발생한 대표 지역으로 꼽히는 연남동에서도 같은 현상이 나타나고 있다. 2001년 연남동의 외부인 소유 건물은 34%에 불과했지만 2015년에는 그 비율이 60%까지 상승했다.

우리나라 젠트리피케이션 현상의 또 다른 특징으로는 신흥 상권이 형성되면서 주거지였던 곳이 빠르게 상업지로 변하는 주거지의 상업화 흐름이다. 이 지역이 활성화되면서 대기업 자본까지 합류해 기존 임차인과의 갈등 요인이 되고 있다. 실제로는 이 과정에서 비싸진 임대료를 감당하지 못해 기존 임차인들이 쫓겨나는 현상이 반복되고 있다.

외지인이 몰려들기 시작하면서 젠트리피케이션이 발생하는 지역은 대개 관광지화되어 주거환경이 일대 전환되는 과정을 거친다. 고궁과 청와대 인근의 조용하고 고즈넉한 지역이었던 북촌과 서촌 일대는 이제 외국 관광객은 물론 국내 관광객에게까지 필수 방문지로 각광받고 있다.

2015년 서울시의 음식점 개업신고 건수는 2012년 조사와 비교해 47%로 증가했다. 젠트리피케이션으로 몸살을 앓았던 이태원 경리단길 132%, 마포구 상수동은 102%로 평균 2배에서 3배나 높은 음식점 개업신고가 있었다.

자연발생적이고 소규모로 진행되던 도시재생에 정부가 개입해 인위적이고 거국적으로 도시재생사업을 추진하면서 예전 뉴타운재개발 추진 사업지역에서 발생하던 부동산 가격의 상승으로 세입자 영세상인이 대규모 퇴출되는 악순환이 되풀이될 수 있다. 따라서 정부는 사업의 추진 기간을 정하고 이를 밀어부치기 식의 과거 방식을 고집해서는 안 된다. 지역 특성에 맞게 원주민, 영세상인이 개발의 희생자가 되지 않도록 용의주도하게 실행해야 한다.

도시재생사업으로 발생하는 젠트리피케이션 현상의 부작용을 최소화시키기 위해서는 임대료 통제나 상생협약 같은 구두선에 그칠 미시적인 대책보다는 근본적인 해결방안과 방지책이 필요하다. 해당지역의 발전을 지원하고 지역 활성화로 발생하는 이익을 기존 주민들이 공유하는 것에 대한 구체적인 로드맵을 계획, 실천해야 한다. 이미 오래 전부터 젠트리피케이션을 경험한 선진국들은 지역주민들이 부동산 투자협동조합이나 공동체 투자신탁 등을 만들어 지역 내의 건물을 사들이고 공동 운용하여 여기서 발생하는 이익을 배당하는 방식을 취하고 있다. 그러나 연대와 협약에 익숙하지 않은 우리나라에서 더욱이 탐욕적인 건물주가 버티고 있는 상황에서 이

것이 가능할까.

젠트리피케이션은 노후되고 낡은 구도심을 재생해야만 하는 현실에서는 필연적으로 발생하는 일이다. 다만 이 과정에서 발생하는 부작용을 최소화할 수 있는 정책적 대안을 세밀하게 수립해 부작용을 줄여나가야 한다.

젠트리피케이션 현상이 본격적으로 발생하는 때는 서서히 상권이 형성되고 외부인들의 발길이 급격하게 늘어나는 시점이다. 이 시점에 가서는 해당지역의 부동산 매매가, 임대가는 상권형성 정도와 비교해 가격상승이 급격하게 진행되는 것이 일반적인 패턴이다. 따라서 투자에 관심이 있는 사람들은 상권이 형성되기 전에 발전가능성이 예상되는 지역을 중심으로 투자시기를 앞당겨야 한다. 최근 구도심지역 중에서 핫플레이스로 부각되는 지역을 방문해 상권형성 정도를 살펴보면 귓전으로 들어오던 것과는 다르게 초라한 현실에 실망하는 경우가 많다. 그런데도 이곳에서 장사하는 사람들은 높은 월세로 인해 수지를 맞추기가 어려워 떠나는 사람들이 늘고 있다. 부동산투자는 말로만 듣는 것과 실제 보는 것과의 차이가 크다. 모든 일이 그렇듯이 사람이 몰려드는 곳에 투자해서는 돈을 벌기 어렵다. 그때는 이미 매매가나 임대가 정점을 치는 시기이기 때문이다.

부동산투자는 대부분 아파트에 초점이 맞춰져 있다. 이러니 부동산 하면 강남아파트밖에 없다고 생각한다. **그러나 세상은 변했고 내수경제를 좌우하는 청년들은 스스로 새로운 핫플레이스를 개척해 나가고 있다.** 개인적으로 관심이 있어서 새롭게 떠오른 핫플레이스 지역을 자주 찾는다. 어느 곳을 가든 SNS에서 영상, 방문후기만 보고 가면 실망한다. 당연하다. 강남의 신사동 가로수길처럼 4차선 도로를 끼고 도로 양편으로 상권이 발달된 곳이 아니라 좁고 허름한 길이 연속적으로 이어져 있고 볼 것도 없는데 사람들은 왜 그렇게 많은지. 정말 이름값이라는 것이 이런 것인가 하는 생각이 든다. 경리단길, 망리단길, 샤로수길 등을 실제로 가보면 바로 실망한다. 기대를 갖고 왔지만 드문드문 구멍가게 수준의 고만고만한 점포들이 다수를 차지하고 있을 뿐이다.

그런데도 사람들로 붐벼 정신이 없다. 연식이 오래된 사람들은 적응하기 어렵다. 사실 연식이 오래된 사람들은 이곳을 거의 찾지 않는다. 이 한 가지 사례가 전체 흐름을 대변한다고는 할 수 없지만 투자의 측면에서 더 폭넓은 시각으로 부동산시장을 평가해야 한다. 부동산은 '항상 움직이기 때문'이다.

서울 부동산시장은 강남 중심에서 서울 구도심 전체로 확장되는 과정에 있다. 강북지역의 구도심은 자생적인 개발로 새로운 상권이 형성되고 있고 이는 해당지역의 부동산 가격을 다시 쓰게 만들고 있다. 서울 구도심 내의 낡은 다세대주택, 연립주택이 도시재생산업의 추진을 앞두고 거래량도 늘고 가격도 오르고 있다. 오랜 기간 침체되어 왔던 뉴타운재개발 지역도 서서히 기지개를 펴고 있다. 이에 따른 반사이익으로 서울 구도심지역인 중림동, 숭인동, 신길동의 소형아파트는 2017년 들어 서울 소형아파트 평균 상승률보다 높은 5~10% 이상 가격이 올랐다. 이제부터 도시재생사업으로 부각되는 서울 구도심 지역에서 발품을 본격적으로 팔기 바란다. 부동산투자는 누가 가르쳐주는 것이 아니다. 본인이 원하는 투자지역에서 직접 발품을 팔면 팔수록 성공의 가능성이 높아진다.

10

주택시장의 대세
'소형아파트'

소형아파트가 대세다. 하지만 소형아파트
는 무조건 오를 것이라는 생각은 하지 말라. 소형아파트라도 잠
재가치에 비해 매매가가 지나치게 높은 곳, 수요에 비
해 과도하게 공급이 이뤄진 곳은 피해야 한다. 매매가
가 높으면 월세로 임대 놓기도 어렵다. 모든 일이 그렇듯
이 지나치면 독이 된다. 분양권전매가 전 지역에서 폐지되어 가는
상황에서 소형아파트를 분양받아 단기차익을 얻는 일도 어려워졌
다. 소형아파트가 이제 경제 가치 이상으로 가격에 버
블이 끼지 않았는지 한번쯤 생각해 봐야 하는 시점이
다. 물론 지역적인 차이를 고려해야 하겠지만.

2016년 말 기준으로 서울 25개 구 중 절반이 넘는 15곳에서 전용
면적 85㎡ 이하의 중소형아파트(재건축 대상 아파트 제외)의 매매가(3.3㎡ 기

준)가 중대형아파트 가격을 넘어섰다. 가장 격차가 큰 곳은 서초구의 중소형아파트로 3.3㎡당 3,084만원으로 중대형 2,784만원보다 300만원이 높다. 2015년 119만원에서 1년 만에 그 격차가 점점 더 벌어지고 있다. 서울 전체적으로 아직까지는 중대형이 중소형보다 평당 가격이 높지만 이 격차는 급격히 무너지는 현상을 보이고 있다.

서울 소재 역세권아파트는 비수기, 불황기에 강한 특징을 보이고 있다. 서울 시내 전용면적 60㎡ 이하의 소형아파트는 다른 평형 아파트와 비교해 희소성이 높고, 더구나 역세권에 위치한 소형아파트는 주거편의시설이 획기적으로 개선되어 실수요자들의 발길이 이어지는 대표적 부동산이다.

2016년 2월 초 서울의 전용면적 60㎡ 이하 소형아파트 가구 수는 56만 5,013가구로 전체 155만 3,500가구의 36.38%에 불과하다. 여기에서 공공임대물량을 제외하고 나면 서울시 기준으로 소형민간아파트는 전체의 31.47%인 48만 8,818가구로 수요에 비해 공급이 부족한 상태다.

국토교통부의 주택 규모별 주택건설 인허가 실적에 다르면 2015년 1월~11월 서울에서 인허가를 받은 전용면적 60㎡ 이하 가구는 전체의 36.24%로 12만 8,555가구에 그쳤다. 이는 2014년 같은 기간 전용면적 60㎡ 이하 인허가 물량 전체의 62.15%에 이른다. 특히 2014년 재건축사업에 대한 소형주택(전용면적 60㎡ 이하)의 공급비율을 폐지하면서 도시정비사업이 활발한 서울에서는 소형아파트의 희소성이 더해질 것이다.

2015년 서울지역 청약경쟁률 상위 10개 아파트단지 가운데 6개가 전용면적 60㎡ 이하의 소형이었다. 4개 아파트단지도 84㎡ 이하였다는 사실에 주목할 필요가 있다. 앞글만 보고 앞으로 소형아파트가 대세이니 가능하면 소형아파트에 투자하라는 말은 못하겠다. 앞의 글도 책이 나오는 시점에는 후행지표에 불과할 것이기 때문이다. 정부의 의도대로 부동산시장이 연착륙하는 과정에서 지금처럼 소형중심의 아파트 공급이 계속 증가한다면 소형아파트 투자를 염두에두고 있는 사람들에게는 최악의 시나리오가 전개되는 것이다. 반면부동산시장이 대세하락국면으로 전환되어 소형아파트의 공급이 줄어 전체 아파트시장에서 소형아파트가 차지하는 비중이 줄어든다면이것은 소형아파트 투자에는 기회가 될 수 있다.

투자는 동전의 양면과 같아서 수시로 변하는 시장상황에 따라 지옥과 천당을 오간다. 지금은 수요층의 소득감소로 대형아파트에 대한 부정적인 인식이 많지만 대형아파트도그 공급량이 급격이 줄고 수요층의 폭이 넓어지면 소형아파트와 대형아파트의 전세는 언제든지 역전될 수 있다. 현재의 상황으로만 보면 핵심 역세권의 소형아파트는 가치에 비해 고평가되었다.

앞으로 대한민국 부동산은 2014년~2017년 초처럼단기간의 급격한 상승은 기대하기 어렵다. 나의 판단으로는 당분간 아파트시장은 높낮이가 적은 박스권에서 크게 오르지도 않고 그렇다고 급격하게 떨어지지도 않는 가격흐름세를 보일 것이다. 따라서 아파트투자로 대박을 노린다는 생각은 버리라.

서울 소재 역세권, 소형아파트의 3가지 요건을 모두 갖춘 아파트의 인기는 시세에서도 잘 드러난다. 문제는 주변 시세보다 상당히 높다는 사실이다. 서대문구 북아현동 지하철 2호선 아현역 입구 '아현역 푸르지오'는 전용면적 59㎡(18평형)의 분양가가 5억 8천만원이었다. 18평 아파트의 분양가가 6억원에 가깝다는 말은 평당 분양가가 3,000만원이라는 뜻이다. 과연 이 가격대가 소형아파트의 정체성에 맞는다고 할 수 있겠는가? 이런 가격의 소형아파트는 임차인이 전세 들어오기도 부담스럽고 월세임대용으로도 적당치 않다.

소형아파트 선호 현상이 주택시장의 큰 흐름이라는 사실을 부정할 수는 없다. 그러나 이는 건설사의 마케팅, 언론의 지나친 대중 공세 등의 영향으로 부풀려진 측면이 강하다. 소형아파트는 가격의 하방경직성이 강하다고 하지만 이런 고가격의 소형아파트가 불황기에도 잘 버텨낼 것인가는 생각해 볼 문제다.

66㎡ 이하의 소형아파트는 실수요자, 임대목적 투자자들이 월세를 노리고 투자를 한다. 소형아파트는 매매가 용이한 장점도 가지고 있다. 소형아파트의 임대수익이 높기 위해서는 일단 매매가가 싸야 하고, 가능하면 역세권이 좋고 대단지로

임대회전율이 높아야 한다. 그러나 분양가가 너무 높은 곳은 가격이 비탄력적으로 움직이기 때문에 소형아파트의 투자매력을 감소시킨다.

"향후 소형아파트 가격은 무조건 오른다"는 말은 마타도어다. 상품 가격이라는 것은 계량화할 수 없는 부분이 분명 존재한다. 만약 소형아파트의 공급이 시장수요보다 지나치게 늘어나는 반면에 중대형아파트의 공급이 절대적으로 줄어들면 시장 흐름은 역전될 수 있다. 소득이 증가하면 부동산시장에서는 쾌적한 주거환경을 원하는 수요층이 반드시 존재하기 때문이다. 물론 어느 평형의 아파트이건 간에 시장의 양극화 현상으로 지역 간의 차이는 크게 존재한다. 대형아파트일지라도 강남권, 한강벨트축 선상의 핵심지역 대형아파트는 시장흐름에 크게 영향을 받지 않는다.

11

레버리지 효과를 노리는 갭투자,
계속 해도 되는가?

은행권 대부계에서 하는 일은 매매가 대비 투자금이 모자라는 사람들을 대상으로 부족한 자금을 대출해 주고 이자를 받는 것이다. 이때 내가 부동산을 갖고 있지 않아도 원소유자의 동의 아래 근저당설정과 대출을 동시에 진행해 소유권을 이전하는 방식으로 부동산을 살 수 있다. 이 경우는 대출가능액과 매매가의 차액만 가지고 부동산을 사는 것이다. 부동산을 레버리지해서 돈을 버는 방법은 무척 많다. 사업을 하는 사람이라면 부동산 담보를 설정하고 대출가능액 내에서 상거래를 통해 받는 어음 중에서 재할인이 안 되는, 신용도 낮은 거래처로부터 받은 어음을 할인할 수도 있고, 부동산 불황기에는 경매 공매로 나온 물건을 대출받아 싸게 살 수도 있다. 그런데 이 모든 경우에 조건이 하나 있다. 대출이자를 내고도 투자이익이 남아야 한다. 그래야 소위 '레버리지 효과'가 발생한다.

갭투자는 은행권에서 일반적으로 실행하는 레버리지의 한 형태다. 갭투자는 적은 돈으로 투자를 하기 때문에 시장의 가격변동에 매우 취약하고 갭투자로 집을 산 후 집값이 올라야 경제적 이익이 발생하는 구조다. 지금 부동산시장은 호재보다 악재가 많다. 성장동력도 떨어진 상태다. 과연 이런 환경에서 부동산이 급등하는 시기에나 그 효력이 발휘되는 갭투자가 좋은 투자일까. 개인적으로는 부정적이다.

갭투자란, 집값 대비 전세금 비율이 높은 지역에서 전세금과 매매 가격 차액을 이용해 집을 사들이는 투자방법을 일컫는다. 갭투자가 이론상으로 가능하려면 갭투자 후 집값이 상승해야만 한다. 이것이 가능하다면 소액으로 여러 채의 집을 살 수 있어 투자효과는 상상 이상이 된다.

그러나 만약 그 반대의 상황이 전개된다면 갭투자를 위한 종자돈은 휴지조각이 되어 버리고 더 최악의 경우 매매도 되지 않는 집을 여러 채 안고 살면서 막대한 고정비를 떠안아야 한다. 이 위험천만한 투자에 여유자금이 없는 대학생 청년층까지 투자행렬에 참여한다고 한다. 나는 이 말이 사실이 아니기를 바란다.

전세금에 대출을 끼고 갭투자를 했는데 집값은 안 오르고 금리마저 오른다면 최악의 시나리오가 전개되는 것이다. 먼 미래의 얘기가 아니고 현재 벌어지는 현상이다. 지난 2~3년간 전세가 급등을 틈타 대박 한 방을 노리고 갭투자를 노크하는 사람이 많았다. 하지만 실제 갭투자로 대박을 친 사람이 얼마나 되는지 통계치는 없다.

현재 분양아파트 시장은 끝물이다. 문재인정부가 들어서면서 부동산정책이 다시 규제정책으로 회귀하고 있고 우려했던 미국의 금리 인상도 현실화되고 있다. 건설사 입장에서는 막대한 광고비용을 들여서라도 마지막 물량 털기에 나서야 하는 입장이다.

재개발 추진 아파트단지들도 2018년 재개발초과이익환수제가 부활하기 전에 사업을 진행하기 위해 속도를 높이고 있다. 각각의 경제주체 간에 복잡한 이해가 맞물려 핵심지역을 중심으로 아파트 가격이 오르고는 있지만 이는 단기적으로 끝날 것이다. 장기적으로 아파트 가격은 전체적으로는 침체국면이 이어질 것이고 지역 간 양극화는 더 심해질 것이다.

만약 주택대출 금리가 현재보다 1% 이상 오르면 금리 상승 정도는 미미하다고 생각할지 모르나, 부동산시장에 주는 부정적 시그널은 충분히 투자자의 투자심리 붕괴를 불러올 수 있다.

앞서 언급했듯이 갭투자는 매매가 대비 전세금 비율을 나타내는 전세가율이 높은 지역에서 매매가격과 전세가격의 차액을 투자해

다가오는 3년,
대한민국 부동산이 요동친다

집을 사는 방법이다. 단순하게 생각해서 매매가가 3억원인 아파트의 전세금이 2억 7천만원이라면 전세를 끼고 사면 3,000만원으로 살 수 있다. 전세 기간이 끝나면 전세금을 올리거나 매매가가 오른 만큼의 차익을 얻는다.

이런 식의 투자를 반복해서 수십 채, 심지어 수백 채의 집주인이 됐다고 하는 책까지 나오고 있다. 이것이 일반화시킬 수 있는 사례에 해당되는가? 갭투자의 전제조건은 계획대로 집값이 올라주고 레버리지가 가능할 정도로 저금리가 유지되어야 한다는 가정이 성립해야 한다. **그런데 금리는 오를 가능성이 커지고 있고 이전 정권 당시의 부동산규제 완화책이 하나둘 원상복구되는 시점에 있다.**

갭투자가 가능하려면 집값, 전세가가 계속 상승해야만 한다. 입주물량이 많거나 미분양을 겪고 있는 지역의 경우 집값이 흘러내리고 있는 판국에 오히려 다음 세입자를 찾지 못하거나 전세가격이 하락할 경우 세입자에게 돈을 돌려주지 못하는 경우도 발생한다. 여기에 집값마저 하락한다면 여유자금 없이 갭투자에 나선 사람들이 가장 먼저 큰 타격을 입는다. **갭투자는 계속되는 저금리, 전 정부에서의 부동산 부양책, 전세가 급등, 분양아파트 시장의 호황과 맞물려서 나타난 일시적인 현상이지 부동산시장의 상수가 될 수는 없다.**

개인들이 임대사업용으로 등록한 주택 수는 2014년 35만 7653가구에서 2015년 46만 27가구로 10만 2374가구, 즉 28%가 증가했다. 2013년~ 2014년 사이에 증가한 3만 1480가구의 3배가 넘는 수준이다. 국토교통부 관계자에 의하면 2016년 통계가 집계되지는 않았지만 갭투자 등으로 임대사업에 뛰어든 개인이 최소한 3만 명 이상이 늘었을 것으로 추정하고 있다.

깡통계좌는 주식시장에만 있는 용어가 아니다. 부동산시장이 얼어붙어 집값이 내리면 대출 비중이 높은 아파트는 한순간에 깡통주택으로 전락할 수 있다. 깡통주택은 집주인이 집을 팔아도 세입자의 전세금과 대출금을 감당할 수 없는 상태를 말한다. **만약 집을 팔지 않더라도 갭투자로 집을 산 경우 금리 인상으로 큰 타격을 입을 수밖에 없다.**

서울지역에서 전세가율이 높아 갭투자 인기지역이었던 성북구에서는 전세계약이 만료된 갭투자 물건의 매물이 나오고 있지만 거래가 이뤄지지 않고 있다. 서울처럼 꾸준히 수요가 있는 지역은 일시적으로 전세금이 하락해도 여유자금으로 투자한 사람들은 오를 때까지 기다릴 수 있다. 투자라는 것은 변동성과의 길고 지루한 싸움이다. 이 싸움에서는 자신의 여유자금 내에서, 아니면 대출을 최소화하는 투자를 하는 사람만이 그 전리품을 가져간다. 시장상황이 불투명한 상황에서 과도한 빚을 내서 투자하거나 단기차익을 노리고 투자하는 사람들은 금융비용을 감당 못해 헐값에 집을 팔고 나와야 한다. 시장이 어려울수록 상식적인 투자를 해야만 한다. **특히 지**

방권에서 미분양이 많은 지역 내의 갭투자는 깡통주택으로 변할 가능성이 아주 높다.

갭투자는 해당 물건의 최고점에서 거래가 이루어져 매매에 따른 세금납부 후 실질이익이 발생했을 때나 가능하다. 1가구 다주택자에 대한 보유세, 양도차익에 대한 과세가 점차 강화되는 추세에 갭투자로 돈을 벌겠다는 것은 처음부터 무리한 발상이다. 만약 선순환의 고리가 끊어지면 보유 물건의 연쇄 폭락으로 이어진다.

새 정부 출범 후 한풀 꺾인 갭투자가 다시 관심을 끄는 이유는 수도권 집값은 절대 떨어지지 않는다는 소위 수도권아파트 불패론이 불을 지폈기 때문이다. **다시 강조하지만 갭투자가 성립하기 위해서는 매매가 대비 전세보증금이 높은 단지의 아파트를 골라 투자해 매매차액을 최고화하는 것인데 이것이 가능하기 위해서는 계속 집값이 오른다는 가정이 성립해야 한다.**

1억원도 안 되는 종자돈을 가지고 갭투자로 다주택자의 꿈을 꾼다. 부동산투자에서 레버리지효과는 수익률 면에서 속 빈 강정에 불과하다. 빚을 내서 집을 한 채 사고 또 이를 담보로 해서 또 한 채를 사고 이런 방식으로 계속해서 한 채, 한 채 늘려나가 수십 채의 주인이 된다. 과연 이것이 누구에게나 가능한 일인가? 이 경우 매매에 따르는 세금, 대출이자, 집 한 채 매입해 얻는 월세는 세금으로 나가고 은행 대출이자는 계속 늘어난다. 이런 식이라면 역세입자 신분으로 전락하는 것과 뭐가 다른가?

부동산 상승론을 근거로 무리하게 투자하는 것은 너무 위험하다. 시장의 불확실한 변동성에 대비해 여유자금이 확보되지 않은 상태에서 투자를 하다보면 내가 산 집이 장기적으로 오를 것이라는 확신이 가면서도 집 가격이 하락세로 돌아서면 언제든 투자원금의 상당 부분이 날아간다. 이는 주식투자의 신용융자거래와 같은 방식으로 매우 위험한 투자방법이다. 주식투자는 그나마 손절매가 가능하지만 부동산은 그렇지가 않다. 부동산은 움직임이 둔한 동산 그래서 부동산이라 부른다. 부동산은 내 계획대로 매매가 쉽게 이뤄지지 않는다.

매매가 대비 전세가가 높다는 것은 지금 당장은 살기가 좋지만 미래에 호재가 없다는 사실을 말해준다. 그래서 전세가가 오르면 오히려 매매가 어렵다. 보유한다고 해도 대출금리가 오르면 고정비 감당이 어렵다. 소액을 가지고 갭투자를 통해 수십 채의 내 집을 마련했다는 것은 신기루다. 실패하면 그 상처를 평생 극복할 수 없다. 투자의 세계에서 빚내서 투자하는 레버리지는 실패했을 경우 투자금 이상의 손실이 발생한다. 패가망신을 감수하는 투자인 것이다. 한 번뿐인 인생을 그처럼 확률 낮은 게임에 내맡겨서는 안 된다. 한 번 실패하고 나면 회복하는 데 너무나 많은 시간이 걸리거나, 회복이 아예 불가능할 수도 있다. 이 점을 반드시 유념해야 한다.

부동산은 내 마음대로 살 수는 있어도 팔 수는 없다. 갭투자도 좋고 빚을 내서 투자하는 것도 좋다. 그러나 시장의 불확실성을 극복할 자신이 있는가?

투자시장에서 말하는 지렛대 효과 또는 레버리지 효과로 불리는 투자기법은 낮은 곳에서 물을 퍼 올려 높은 곳에서 물을 쏟아내면 그 효과가 커진다는 논리다. 대출에 따른 금융비용을 내고도 그 이상의 수익을 올릴 수 있다면 수익률을 극대화할 수 있는 좋은 방법이다. 그런데 금리는 오르고 레버리지로 투자금이 늘어난 상태에서 금융비용이 투자수익을 잡아먹는 상황이 되면 어떤 결과가 벌어지겠는가. **투자는 항상 최악의 시나리오를 먼저 가정하고 실행해야 한다. 지금은 최악의 시나리오가 현재형으로 전개되는 시점에 와 있다.** 모두가 "앞으로"를 외칠 때 일부에서 들려오는 시장의 위험신호를 절대 무시해서는 안 된다.

12

월세로 연금을 대신하는
시대는 계속된다

월세가 연금을 대신하는 사회는 결코 바람직한 사회가 아니다. 그런데 우리의 현실은 그렇게 되어가고 있다. 지금 대한민국은 월세로 먹고사는 지대사회다. **그리하여 다가구, 다중주택, 오피스텔 등의 임대주택은 비약적인 주택공급에도 불구하고 그 수익률은 은행예금 이자의 열 배나 된다**(임대주택 수익률은 개인의 운용능력에 따라 그 차이가 크다).

2000년대 초중반 이후 1기신도시인 일산, 분당, 중동, 평촌 그리고 시흥시 정왕동, 안산시 고잔동, 수원시 영통동, 인계동, 광교신도시 등 수도권 전체에서 오피스텔 신축 붐이 크게 일었다. 또 청년 유동인구가 늘어나는 곳이라면 지역을 불문하고 다가구 원룸 신축이 붐이었다.

특히 일산신도시의 장항동, 백석동에는 일산신도시 전체의 소형 아파트보다 더 많은 오피스텔이 공급되었다. 당시로써는 수요 예측 이상의 오피스텔 공급이었다. 수요 이상의 급격한 공급은 결국 시장을 위축시키고 투자자의 위험은 증가한다. 2008년은 부동산시장이 급속도로 냉각되어가던 시점이었다. 기존 관념으로는 오피스텔, 다가구 원룸은 시세차익보다는 임대수익을 목적으로 투자한다는 것이었다. 임대수익률은 적정한 월세 수익과 지속적인 임대회전율에 절대적인 영향을 받는다. 그런데 시기적으로도 그렇고, 단기간에 걸쳐 일어난 지나친 공급의 증가는 일산신도시의 오피스텔 투자전망을 우울하게 만들었다.

하지만 드러나는 양상은 예상과는 다른 방향으로 진행됐다. 오피스텔의 지나친 공급 증가로 당연히 임대회전율, 월세가 떨어져야 하는데도 일산신도시의 오피스텔은 전반적인 부동산시장의 불황을 비웃기라도 하듯 월세, 임대회전율은 물론 가격까지 올랐다. 반면 일산신도시 내의 아파트는 날개 없이 추락하였다.

이 보기 드문 현상은 본격적인 저금리 시대로 진입하면서 연금 대신 월세를 노후생활자금으로 생각하고 투자한 퇴직자 노령층의 수요가 급증했기 때문에 가능했다. 공급이 과다하게 증가했는데도 그 수요층이 탄탄하게 받쳐줬기 때문에 가능한 일이었다. 이제 연금으로 노후생활을 준비하는 시대는 끝났다(노년을 맞기도 전에 끝났다는 사실은 아쉽지만). 보편적 복지 차원에서 노후복지가 완전하게 실현되지 않는 한 말이다. 우리는 이제 이 시대를 감히 월세가 연금을 대신하는 사회라고 말한다. 연금의 현실이 어떻기에 이런 말을 할 수밖에 없을까. 연금의 현실을 알아보자.

2016년 12월 말 기준 국민연금 평균 수급액은 월 35만 2590원으로 2017년 4월부터 평균3520원이 인상됐다고 해도 월 356,110원이다. 국민연금만으로는 노후 최저생활비 140만원에도 현저히 미치지 못한다. 반면 교원연금 평균 지급액은 350만원이다. 국민연금은 강제보험이지만 사설펀드처럼 운용된다. 국민연금은 손실이 발생해도 그 책임은 연금수령자의 몫이다. 반면 공무원연금, 사학연금은 운용손실이 발생하면 국가가 그 손실을 보존해준다. 대한민국의 연금구조가 일반국민을 무시하는 구조로 되어 있다고 한다면 지나친 비약일까.

영국의 경우는 소득의 9%를 공제하지만 연금 지급액은 한국 국민연금의 10배다. 30년 동안 직장생활을 해도 받는 연금은 100만원이 채 되지 않는다.

현재 국민연금 수령액은 은퇴 전 평균 소득의 24% 수준이다. 이는 적정 소득대체율 70%와 비교해 매우 낮은 수준이다. 소득대체율이란 국민연금 가입자의 생애 전 기간 평균 소득과 국민연금 수령액의 비율이다.

한국 보건사회연구원이 국민연금 가입자 및 노령연금 수급자 데이터 자료를 활용해 실제 가입기간(23.81년)을 산출하고 수급자의 소득 실적치와 미래소득 추정치를 현재 가치로 환산한 후 실제 국민연금 소득대체율을 측정한 결과 소득대체율은 정확히 23.98%였다. 이 결과에 의하면 국민연금만으로는 가입자가 퇴직 전 경제활동기간에 벌어들인 생애 평균소득의 5분의 1 정도만 충당될 뿐이다. 실질소득대체율 평가에서 OECD는 평균소득자 가구를 기준으로 노년에 접어들기 전 생애 평균소득의 약 70%를 권고하고 있다. 우리나라는 여기에 크게 못 미치고 있다.

국민연금을 도입할 당시인 1988년 이후 정부는 가입기간 40년을 기준으로 명목소득대체율을 70%로 정했다. 현재 국민연금의 명목소득대체율은 46% 수준이다. 실질소득대체율은 24%에도 못 미친다. 이러한 자료를 토대로 금융권에서는 민간연금인 퇴직연금과 개인연금 등을 활성화 시켜 이를 보완해야 한다고 말하고 있지만 이는 어불성설이다. 아래 민간연금에 대한 내용을 읽어보면 충격을 받을 것이다.

2016년 말 기준으로 개인연금저축에만 556만 5,000명이 가입하고 있다. 개인연금저축은 납입금에 대해 연간 400만원까지 세액공제가 된다. 연금저축은 연금저축신탁(은행), 연금저축보험(보험사), 연금저축펀드(증권사)로 구분해 판매된다. 연금저축수익률에 대한 착시 현상에 속지 말아야 한다. 연금저축은 판매에 부가되는 판매수수료를 감해야 실질수익률이 나온다. 연금저축신탁의 은행별 수익률은 10년 이상의 연평균수익률이다. 이 기준에 따르면 현재 연금저축신탁의 수익률은 1%대에 불과하다.

연금저축의 연간세제혜택은 가입한도 400만원 기준으로 소득 5,500만원 초과의 경우 최대 52만 8,000원이고, 연 소득이 5,500만원 이하의 경우 최대 66만원까지 세제혜택을 받는다. 이 내용의 문제점은 400만원을 불입해 66만원의 세제공제를 받는다고 해도 실제 환급액은 6만원에서 8만원 정도라는 사실이다. 이런 상품을 가지고 사회초년생의 필수가입 금융상품이라고 말하는 것은 금융회사의 밥그릇을 챙겨주자는 말과 진배없다.

강제 민간연금인 퇴직연금의 현황을 보자. 금융감독원이 발표한 2017년 5월 9일 기준 퇴직연금의 연수익률은 1.58%였다. 퇴직급여 수준이 사전에 결정돼 있는 확정급여형DB의 수익률이 1.68%, 운용 실적에 따라 퇴직급여가 변하는 확정기여형DC은 1.45%, 개인형퇴직연금IRP은 1.09%였다. 퇴직연금의 문제는 예금이나 보험 같은 금리 연동상품에 묶여 있어 저금리 시대에는 수익률을 올리기가 어려운 구조로 되어 있다는 점이다.

국민연금의 실질소득대체율은 24%에 불과하고 민간에서 운용되는 연금상품들은 세금을 떼고 받는 실질수익률이 1%에도 미치지 못하는 현실이다. 자연수명은 100세 시대를 코앞에 두고 있다. 심각한 문제다. 이러니 60대, 70대의 노년층이 그들의 생명줄 같은 돈으로 주식시장에서 가장 공격적인 투자를 하는 것이 아니겠는가.

나는 앞으로도 아주 오랜 기간 동안 월세가 연금을 대신하는 시대가 계속되리라 생각한다. 연금을 뜻하는 'Pension'이란 단어는 영국에서 은퇴자들이 시골에 전원주택을 지어서 여기서 나오는 수익으로 노후를 보낸다는 의미에서 유래되었다. 노후복지가 매우 빈약한 우리나라에서 정부가 획기적인 노후복지를 실행하지 않는 한, 그리고 지금의 저금리가 계속되는 한, 은퇴자들은 그들의 생명줄 같은 노후자금을 임대주택에 투자해 발생하는 월세로 연금을 대신할 것이다.

우리나라의 자영업자 중에서 가장 많은 수를 차지하는 업종이 부동산임대업이다. 최근 들어 급증했다. 모든 업종 중에서 매출액 신장률, 영업이익이 가장 높은 사업이 부동산임대업이라는 사실은 충격적 내용이기도 하고 우리사회의 슬픈 단면이기도 하지만, 우리나라가 OECD 국가 중 노인빈곤율이 최고라는 현실을 생각하면 그나마 임대주택에서 받는 월세로 생활이 가능한 사람들은 복받은 사람들이다. 지금처럼 저금리가 계속되고 정부의 노인복지정책이 획기적으로 개선되지 않는 한 임대주택으로 연금을 대신하는 사람들의 행렬은 결코 줄어들지 않을 것이다.

13

은행의 자생적 대출규제는 강화될 것인가?

2016년 하반기부터 강화된 중도금 강화대출 규제가 이어지면서 분양시장에 비상이 걸렸다. 금융회사들이 아파트분양 등에 필요한 집단대출에 연 5%에 달하는 고금리를 적용하고, 대출 자체도 거부하고 있다. 이 때문에 아파트분양을 받는 실수요자, 재건축사업을 추진한 조합, 건설시행사, 시공사들이 피해를 보고 있다.

건설사는 아파트를 분양할 때 은행 등 금융기관에서 계약자를 대신해 한꺼번에 돈을 빌려 계약자들이 중도금융을 낼 수 있게 알선한다. 건설사 주도하에 한꺼번에 대출을 받기 때문에 이를 집단대출이라고 한다.

주택업체 등에 따르면 2015년 상반기에는 대형건설사가 시중은행에서 집단대출을 할 경우 금리가 2.0~2.5% 수준이었다. 하지만

2016년 하반기 금융위원회가 가계부채 증가의 원흉으로 집단대출을 지목하면서 금리가 치솟았다. 은행들도 경쟁적으로 금리를 올려 최근에는 시중은행의 경우 금리가 4%대까지 올랐다.

중도금대출이 쉽지 않자 혼란이 빚어지고 있다. 심지어 서민층을 위해 공공택지에 상대적으로 저렴하게 분양하는 공공분양아파트도 중도금대출 금융기관을 구하지 못하고 있는 실정이다.

2016년은 가계의 이자수익이 적자로 진입하는 첫 번째 해다. 반대로 은행의 이자수익은 증가했다. 은행이 대출금리는 올리고 예금금리는 내렸기 때문이다. 저금리가 지속되고 가계대출은 크게 늘면서 가계의 이자수익은 처음으로 적자를 기록했다. 이는 한국은행이 1975년 이 통계를 작성하기 시작한 이후 처음 있는 일이다. 가계에 이자수지 적자가 발생한 것이다. 2016년 가계가 이자로 지출한 금액은 41조 7,745억원으로 전년도와 비교해 12%(4조 6,624억원) 급증했다.

은행의 이자수익이 늘게 된 데에는 가계대출 가중 평균금리가 2017년 3월 기준 3.43%로 2015년 말 3.23%와 비교해서 0.2% 올라간 원인이 크다. 시장금리가 오른다고 대출금리는 재빠르게 올리면서 예금금리는 오히려 낮춘 것이다. 2017년 4월말 기준으로 주요 은행의 예금금리는 하나은행 1.44%, 신한은행 1.53%이다. 은행은 미국금리 인상이 본격적으로 시작되지 않은 상태에서 예금이자는 동결시키고 대출금리는 올려 그들의 이익을 늘렸다.

연도별 가계이자 수지(단위: 조원)

연도	수지	연도	수지
2010년	4.1	2014년	1.6
2011년	2.6	2015년	1.1
2012년	2.1	2016년	−5.7
2013년	1.6		

현재 4% 초중반대인 중도금 대출금리는 주택금융공사 등의 보증서를 기반으로 취급되는 전세금 대출금리나 주택담보 대출금리보다 높고, 신용대출인 마이너스 대출금리와 비슷한 수준이다. 미국발 금리 인상 효과가 현실화 되는 시점에서 은행의 입장에서는 대출심사를 깐깐히 하고 대출금리를 높이는 것은 당연한 일이다.

중도금 집단대출은 연체율이 낮고 대출사고는 상대적으로 적다. 집단대출은 건설사가 보증서를 발급받아 대출금의 90%를 보증기관인 HUG가 보존해주기 때문에 은행의 입장에서는 위험이 높지 않다. 그럼에도 은행이 중도금 집단대출 금리를 올리는 것은 금융 당국의 눈치를 보며 높은 금리로 돈 장사를 하는 것이나 다름없다.

금리 인상, 집단대출 규제로 인한 피해는 내 집을 장만한 실수요자에게 고스란히 돌아간다. 실수요자의 부담은 결국 은행의 이익으로 돌아간다. 주택 관련 대출금이 늘고 금리가 오르면서 2016년 국내 은행은 사상최대의 실적을 기록했다. 최근 세계적으로 금리가 오르는 추세이고 대출금의 건전성 확보를 위해 은행이 심사를 강화하는 것은 불가피한 일이지만 그렇다고 은행들이 집단대출에서 과도하게 금리를 올려 폭리를 취하는 일은 가뜩이나 어려운 가계경제를 더 어렵게 만든다.

은행이 가장 두려워하는 상황은 구조조정으로 직원들을 내보내는 일도 한국은행의 기준금리가 낮아져 그들의 예대마진율이 떨어지는 일도 아니다. 은행이 가장 두려워하는 상황은 금리 상승으로 인해 가계부채의 뇌관이 터져 채무불이행자가 늘어나는 경우다. 지금까지 있었던 대부분의 은행권 구조조정은 악성채권이 빌미가 되었다. 앞으로 은행의 자생적 대출규제는 우리가 생각하는 것 이상으로 강화될 것이다.

2부

내 집,
사야 하나?
말아야 하나?

1

아파트시장의 뇌관,
부풀대로 부풀어오른 가계부채

        여유자금으로 집을 구매하는 입장에서 가계부채는 신경 쓸 일이 아니다. 그러나 대출 없이 내가 살 집을 사는 사람들은 거의 없다. 가계부채가 신경 쓰이는 이유는 이 문제로 은행의 대출규제가 어떻게 강화될 것이고, 또 내가 집을 사기 위해 반드시 필요한 대출을 받을 수 있을까 하는 걱정 때문이다.

    글로벌시장에서의 금리 인상은 부채폭탄으로 이어진다. 대부분의 신흥국 부채 문제가 국가부채에 의한 것이었다면 우리나라의 뇌관은 가계부채다. 국제결제은행BIS은 가계부채 총량이 국내총생산GDP의 85%를 넘어가면 부채가 해당 국가의 경제성장을 가로막는다고 경고하고 있다. 그런데 2016년 6월 기준 한국의 가계부채 비율은 90%에 이르고 있다. BIS가 경제 신흥국으로 분류하고 있는 20개 국가 중 우리나라가

가장 높다. 20개 경제신흥국가의 평균 가계부채는 36% 수준이다.

부채 수준이 낮을 때 빚이 늘어나면 소비와 투자가 증가하면서 단기적으로는 경제에 긍정적인 효과가 발생한다. 그러나 우리나라는 더 이상 가계부채가 늘어나게 되면 가계의 원리금상환 부담이 매우 커져서 소비를 위축시키고 경제 전반에 악영향을 미치게 된다. 적정 수준을 한참 넘었다는 말이다.

현재의 가계부채 수준도 매우 과도한 부분이 있지만 더 큰 문제는 가계부채의 증가 속도다. 가계부채가 700조에서 1000조로 늘어나는 데 5년 이상이 걸렸지만, 1000조에서 1300조로 증가하는 데는 3년밖에 걸리지 않았다. 글로벌금융위기 이후 선진국에서는 채무감축정책을 실시해 왔다. 그 결과 선진국의 가계부채는 2007년 83%에서 76%까지 줄어들었다.

미국 연준의 금리 인상은 우리나라의 가계부채에 기름을 붓는 격이다. 기준금리가 1% 상승하면 가계부채의 이자상환부담은 연간으로 9조원가량 증가한다.

국내 은행들의 가계대출 평균금리는 2016년 6월보다 0.23% 올라 3.29%다. 미국 연준은 중단기적으로 미국의 기준금리를 3%까지 점차적으로 올릴 것이라고 말하고 있다. 미국의 금리 인상은 국내시장에서 외국계자금의 이탈을 초래해 국내경제에 치명적인 독으로 돌아온다. 외국자본의 유출을 막으려면 기준금리를 올려야 하지만 가계부채가 많은 상태에서는 금리를 올리면 당장 과도한 가계대출부채를 안고 있는 개인 대출자에게 악영향을 주기 때문에 금리를 쉽게 올리지 못하는 딜레마에 빠져 있다.

앞으로 금리가 오르면 저신용, 저소득, 다중채무자 등 금융 취약 계층은 직격탄을 맞는다. 특히 금리 인상이 즉각적으로 대출금리에 반영되는 변동금리로 대출받은 사람들은 이자상환부담이 커질 수밖에 없다. 은행의 신용등급 중 하위에 있는 7등급~10등급에 해당하는 사람들의 대출 중 변동금리로 대출받은 비율이 80%를 넘는다. 인구가 고령화되고 경제가 활력을 잃고 있는 상황에서 개인들의 빚 갚을 능력은 떨어지는데 빚은 오히려 늘어나는 악순환이 계속되고 있다.

가계부채 중 상당 비율이 생계형자금 혹은 전월세자금 등으로 서민에게는 필수불가결한 대출이다. 가계부채 증가율을 소득증가율보다 낮게 유지해 가처분소득 대비 가계부채 비율을 150% 이내로 묶는 가계부채 총량관리제를 강화하면 이들이 1,2금융권에서 밀려나 대부업체나 사채시장으로 갈 수밖에 없다. 은행대출을 줄이면 고소득 신용우수자의 대출보다 저소득자의 신용대출부터 줄이는 것이 상식이다. 정부의 의도와는 다른 방향으로 시장이 흘러간다.

시장에서 정부 정책은 매우 신중하고 사려 깊게 추진되어야 한다. 대출시장의 규제를 완화하면서 이틈을 타 일본계 악성 대부업체들이 진출해 누구나 대출이 되는 것처럼 엄청난 언론광고를 퍼부었다.

이들 업체에 대출을 의뢰한 사람들은 한 번의 신용조회만으로도 신용이 하락했다. 그 결과 아예 은행권 대출에서 퇴출되는 사례가 속출하였다. 이 역시 정부의 정책적 의도와는 다른 방향으로 역효과가 난 대표 사례다.

우리나라의 가계부채는 무엇 때문에 급증했는가. 우선 낮은 금리를 원인으로 꼽을 수 있다. 한국은행의 기준금리가 3%대였던 2012년에는 가계부채가 5% 증가하는 데 그쳤다. 그러나 한국은행이 기준금리를 계속 인하하면서 가계부채 증가율은 10%대로 높아졌다. 가계부채 증가 원인으로 정부의 부동산 완화정책도 큰 몫을 담당했다. 박근혜정부는 부동산경기를 진작시키기 위해 대규모의 부동산 부양정책을 추진한 바 있다.

부동산 부양책의 중심에는 주택담보대출비율LTV과 총부채상환비율DTI 등 부동산 담보대출에 대한 규제완화가 있었다. 결국 정부가 시장에 개입해 가계로 하여금 빚을 내서 부동산에 투자하도록 유도한 셈이다. 이는 부동산 가격을 띄워 경기부양을 노린 정책이었다. 단기적으로 손쉬운 경기부양 효과는 있었지만 경제의 내실은 더 악화됐다. 저금리와 부동산규제 완화정책이 가계부채가 급증한 근본적 원인이다.

2008년 발생한 미국발 금융위기는 저신용자에게까지 주택가격보다 더 많은 대출을 허용한 미국 정부의 부동산 규제완화정책이 그 시발점이었다. 정부가 반시장적인 정책을 강행하면서 야기된 서브프라임모기지론 금융위기는 미국뿐 아니라 전 세계 국가를 금융위기에 빠트리게 하고 말았다. 금융위기가 발생해 금리가 폭등하고 주요 자산의 가치가 급락하면 아파트가격의 하락을 막을 수 없다. 서브프라임모기지론 금융위기 이후 국내 아파트시장이 거의 10년간 대세하락기에 있었던 것을 생각해보면 금리만큼 아파트가격에 절대적으로 영향을 미치는 요인은 없다고 말할 수 있다. 나는 앞부분에서 아파트가격을 결정하는 데 있어 정부의 정책보다 금리, 시장 유동성이 더 큰 영향을 미친다고 말했다. 이런 관점에서 정부의 8,2대책에 의한 LTV와 DTI 축소운용은 부동산시장의 유동성을 약화시키는 결과로 이어져 투기과열지구의 아파트가격에 악재로 작용할 것이 분명하다. 만약 정부가 기준금리 인상카드를 들고 나온다면 아파트가격이 하락세로 돌아설 가능성이 커진다. 특히 금융레버리지를 이용해 갭투자에 나선 세력은 매매가 끊겨 손절매도 못하는 상황에 직면할 수 있다.

한국 가계부채 증가율(자료, 한국은행)

연도	증가율	연도	증가율
2011년	8.7%	2014년	6.5%
2012년	5.2%	2015년	10.9%
2013년	5.7%	2016년 3분기	11.2%

* 한국의 가계부채는 2014년 8월 부동산 금융규제완화 정책이 실시되면서 급속히 증가하고 있음을 알 수 있다.

최근 있었던 주택시장의 과열은 전 정부의 과도한 시장 개입, 즉 부동산규제 완화정책의 영향이 가장 크게 작용했다. 이 틈을 타고 투기세력은 분양권전매, 갭투자 등의 방법으로 부동산시장을 투기화했다. 그러나 이것도 초저금리라는 금융시장의 환경이 뒷받침되지 않았다면 가능한 일이 아니다. 금리가 투자상품의 가격을 결정한다는 말은 적어도 투자시장에서는 진리다.

90년대 초 당시에는 기업이 발행하는 우량회사채의 증권시장 내에서의 유통수익률이 시장금리의 기준역할을 했다(현재는 채권의 표준화가 쉽고 전산처리가 용이한 국고채 3년물로 시장금리의 기준이 바뀌었다). 이 기준에 따르면 당시의 시장금리는 12%가 넘었다. 현재와 비교해 상상할 수 없는 고금리 시대였다. 이 시기 나는 제일저축은행에 근무했었다. 당시 우리 회사의 예금금리는 5년만기 복리수익률이 100%가 넘어 1,000만원을 정기예금에 투자하면 5년 후 이자 1,000만원을 포함해 2천만원을 받을 수 있었다.

그 당시에는 부동산투자에 대해 사람들이 크게 관심을 갖지 않았다. 저축은행의 정기예금, 투자금융사의 CP(자유금리기업어음), 우량기업이 발행하는 회사채의 수익률이 연 15%에 가까운데 굳이 위험을 안고 부동산이나 주식에 투자할 이유가 없었다. 그러나 자본시장이 개방되면서 국내 금리는 본격적으로 낮아지기 시작해 지금은 시장금리가 1%대에 머물고 있다. 금리가 낮아지면서 사람들은 공격적으로 주식투자에 나서고 은행예금 대신 임대주택 투자에 몰려든 것이다. 금리의 변동이 투자상품의 선택에 절대적 영향을 미쳤다.

따라서 나는 최근에 있었던 부동산의 가격 상승에는 저금리, 낮은 대출이자가 많은 영향을 끼쳤다고 생각한다. **앞으로 금리는 일정한 박스권을 형성하면서 오르고 내리고를 반복하겠지만 과거처럼 시장금리가 고금리행진을 하는 시대는 다시 오지 않을 것이다.** 금융자유화 시대가 전개되면서 세계 금리와 국내 금리는 동조화(커플링) 현상이 계속되고 있다. 서브프라임모기지론 파산처럼 돌발적인 금융위기가 발생하지 않는 한 저금리현상은 계속될 것이다. **여전히 세계 주요 국가들은 자국의 경제 활성화를 위해 양적완화와 저금리정책을 고수하고 있다. 이 흐름은 쉽게 바뀌지 않을 것이다.**

지금 당장은 우리나라의 가계부채 문제가 매우 심각해진 수준으로 기준금리 1~2% 인상만으로도 부동산시장이 크게 흔들릴 수 있다. 그러나 가계부채가 안정적으로 관리되고 지금의 저금리 기조가 큰 틀 안에서 유지된다면 금리가 부동산을 잡아먹을 정도의 상황까지는 가지 않을 것이다. 지금은 개인의 소득에 비해 과도하게 가계부채가 많은 한계가구 때문에 금리 1~2% 인상에 매우 민감하게 시장이 반응하는 것이지 인플레이션에 대응해 1~2%의 금리를 인상하는 것은 우리 경제의 건강성을 회복하기 위해서라도 필요한 부분이다. 지금까지는 한국은행이 정부를 너무 의식해 금리를 너무 오랫동안 통제한 부분이 있다. 따라서 정상적인 경제흐름 하에서라면 지금

쯤 한국은행이 금리를 인상하는 것이 오히려 정상적인 모습이다.

신용등급이 돈이다_신용등급에 따른 신용대출 평균금리(단위: %)

1등급	3.8	6등급	17.8
2등급	5.5	7등급	21.2
3등급	7.5	8등급	23.5
4등급	9.6	9등급	25.8
5등급	11.9	10등급	26.7

(자료: NICE)

2

부동산시장의 새로운 수익모델 P2P대출, 정말 안전한가?

　　　　　　　서민 중산층의 자산증식에 오랜 기간 기여해 왔던 은행의 예적금이 실질금리 제로금리 시대로 진입하면서 은행 예적금 무용론이 현실화되고 있다. 이 시기를 틈타 소위 말하는 제도금융권에서 벗어난 새로운 유형의 투자상품들이 속속 등장하고 있다. 크라우드펀딩 투자, 부동산P2P 대출 등이 모두 이 범주에 속하는 상품이다.

　이들 상품은 전적으로 개인 간의 거래로 이뤄지는 운용구조이기 때문에 투자 안정성을 스스로 판단해야 한다. **기대수익률은 높을지 모르지만 투자에 따르는 위험부담은 매우 높다.** 그래서 제도화되지 않은 투자상품들은 그들이 내세우는 투자수익률에 현혹되지 말고 철저하게 투자 위험을 점검한 후 시작해야 한다.

　제도화되지 않은 상품이라는 의미는 투자금에 대한 보호장치가 전혀 없는 것으로 우리가 일상에서 투자하는 상품과는 아예 구조가 다른 상품으로 인식하고 접근해야 한다. 그런데도 부동산 P2P대출에 대한 관심이 늘어나고 있는 이유는 저금리 시대에 마땅한 투자처가 없기 때문이다.

은행의 예금처럼 확정금리를 지급하면서 나름대로 안정성이 담보되는 투자상품이 없는 것은 아니다. 기업이 자금을 조달하기 위해 발행하는 채권인 회사채, CP(자유금리 기업어음), ABS(자산유동화증권)의 경우 발행기업의 신용도에 따라 은행 예금이자의 몇 배나 되는 이자를 지급한다. 증권시장에서 유통되는 회사채 중에서 BBB− 등급 회사채의 수익률이 보통 연 금리로 7%가 넘는다. 이 내용은 대형증권사가 운용하는 금융몰에서 온라인으로 바로 확인할 수 있다.

회사채, CP투자는 은행예금과 비교해 몇 배의 수익률이 가능하지만, 그렇다 하더라도 위험이 높아 투자를 망설이는 사람들이 많다. 투자위험 때문이다. 회사채는 예금보호 대상 상품이 아니다. 그런데 회사채보다 투자위험이 훨씬 높은 유사 투자상품을 그들이 말하는 수익률만 믿고 덜컥 실행할 수 있겠는가. 소액으로 투자할 수 있는 다른 상품이 없다면 모를까, 너무 위험하다고 생각한다.

이 책에서 부동산 P2P대출을 다루는 이유는 투자를 권고하기 위함이 아니다. 오히려 너무 많은 기사들이 나오고 있어 제대로 된 정보를 알려주고 싶기 때문이다. 이 상품에 대해 필터링되지 않는 기사들이 순진한 투자자를 유혹하고 있으니 반드시 경계해야 한다.

한국 P2P금융협회에 따르면 2016년 9월 기준 2,000억원 수준이었던 부동산 P2P 누적대출액은 2017년 6000억원을 넘어섰고, 잔액은 3,800억원이라고 한다. 부동산 P2P대출 증가세를 견인하는 건 부동산 관련 대출이다. P2P대출 중 부동산 관련 대출 잔액은 2016년 9월 1,216억원에서 2017년 1월 말 2,214억원으로 두 배 가까이 늘었다. 전체 P2P대출 잔액에서 차지하는 비중도 58%에서 66%로 커졌다.

부동산 P2P대출 중에서도 건축자금(프로젝트 파이낸싱) 대출이 급증세다. 건설자금 대출은 투자기간이 1년 이내로 짧아 투자금 회수가 빠르고 주택을 담보를 잡을 수 있어 상대적으로 안전하고 수익률도 높다. 그러나 부동산 경기가 한풀 꺾이면서 투자 손실의 위험이 커지고 있다. 부동산 P2P대출은 은행권의 예적금처럼 투자금이 보호되는 상품이 아니다. 즉 부동산 P2P대출은 예금이 아니다. **정부가 인가해준 금융회사와의 거래방식이 아닌 개인 간의 거래다. 따라서 투자위험도 개인의 몫이다.**

자산운용사가 판매하는 펀드, 기업이 자금을 조달하기 위해 발행하는 회사채, 카드채, 유동화증권 등은 은행 예금처럼 정부기관인 예금보호공사에 의한 예금보호가 되지 않는다. 그러나 증권시장, 증권사에서 유통되는 회사채, 유동화증권은 공신력 있는 신용평가등급기관의 심사를 거쳐 일정 등급 이상의 신용등급을 받아야만 증권시장에서 거래가 가능하다. 반면 최근 유행하는 크라우딩펀드 부동산 P2P대출은 개인 간의 돈거래와 마찬가지의 성격으로 투자 안정성을 검증할 수 없다. 이를 우리가 흔히 사먹는 식품을 가지고 비유하자면 펀드나 증권시장에서 유통되는 회사채는 정부기관의 식품안정성 평가를 공식으로 받은 후 판매되는 유명회사가 만든 식품이라면 부동산 P2P, 크라우딩펀드는 정부의 허가 없이 무허가로 제조되어 판매하는 상품이라고 할 수 있다.

부동산 P2P대출은 언제든 돈을 빌려간 사람이 돈을 제때 갚지 못하거나 아예 못 갚는 경우가 발생할 수 있다. 때문에 손실을 피하려면 담보대상 물건이 무엇인지, 채권순위가 선순위인지 후순위인지, 주택담보인정비율(LTV)이 얼마인지 등을 정확히 알아봐야 한다.

특히 부동산 PF대출은 대부분 건축 예정 토지를 담보로 설정한다. 그런데 업체에서는 건축물 준공 후 가치가 확정된 담보물의 가치로 광고할 때도 있다. 일부 PF 대출상품 중에는 토지에 대한 담보권이 후순위이거나 담보가 없는 경우도 있다.

수익률이 높으면 위험도 크다. 은행에서 대출을 받을 수 있다면 높은 이자를 주고 P2P 중계업체를 찾아 대출을 의뢰할 이유가 없다. 실제 P2P업체에서 제공하는 부동산 담보대출 투자상품의 경우 채권순위가 은행에 밀리는 경우가 대부분이다. 이 얘기는 채무자가 파산하면 은행빚을 먼저 변제하고 난 후 채권을 회수할 수 있다는 의미다.

투자자들이 부동산 관련 P2P대출을 선호하는 이유 중 하나는 대출기간이 짧기 때문이라고 말한다. 대개 1년 이내다. 반면 신용대출은 대출기간이 2~3년에 이른다. 그러나 부동산 상승세가 꺾이고 있는 시점에서 짧은 투자기간은 더 큰 독이 될 것이다.

같은 부동산 P2P 대출상품임에도 수익률이 높다고 무조건 덥석 물어서는 안 된다. 부동산 P2P 대출상품에 투자하기 위해서는 부동산 수요, 시행사, 시공업체의 재무안정성, 담보가치평가 방법의 적정성, 담보물의 채권순위, 담보물의 가치하락 등 전 부분에 걸쳐 꼼꼼히 체크해야만 한다. 돈을 빌리는 입장에서는 자신들에게 유리한 정보만 부각시키고 위험요인은 축소 홍보하는 경향이 있다.

예전 드렉셀 증권사의 마이클 밀켄이라는 사람이 IT 신생기업이 발행한 고위험의 회사채를 높은 수익률을 미끼로 증권시장에 유통시키다 기업이 파산해 증권사가 문을 닫는 일이 있었다. 그때부터 비록 수익률은 높지만 투자위험이 높아 언제든 휴지조각이 될 수 있는 회사채를 정크(Junk, 쓰레기)채권이라고 부르기 시작했다. 이런 관점에서 보자면 부동산 P2P대출은 정크 중에서도 정크다. 아무리 저금리 시대라고 해도 이런 정크에 투자해서야 되겠는가. 이렇게 투자를 하다보면 당신의 포트폴리오는 안정성이 깨진다. 투자는 항상 길게 봐야 한다. 잘못하다가는 한 번의 실수로 돌이킬 수 없는 나락에 빠질 수 있다. 당장 수익은 줄어들더라도 살아남을 수 있는 방법, 가장 안전한 방법 중에 골라야 한다.

소액으로 투자하는 상품에는 예금보호공사의 예금보호가 되는 상품이 있고 되지 않는 상품이 있다. 대표적인 예금 보호대상 상품은 은행권의 고유계정 상품이라고 할 수 있는 정기예금과 정기적금이다. 투자금에 대한 원금보장이 안 되는 대표적인 상품은 펀드다. 펀드는 운용기간 내에 운용손실이 발생하면 투자자가 부담하는 구조다. 또 기업이 발행하는 회사채, 국가가 정부재정을 조달하기 위해 발행하는 국공채 등 모든 채권상품도 예금자 보호대상 상품이 아니다.

앞에서 말했듯이 은행금리가 낮아지면서 새로운 형태의 투자상품이 속속 등장하고 있다. 이런 상품들은 모두 예금자 보호와 무관하다. 따라서 투자의 책임을 본인이 모두 져야 한다. 금리 몇% 더 받아 보겠다고 위험을 무시하고 투자하다간 투자원금을 언제든 날릴 수 있다. **부동산 P2P대출, 크라우딩펀드, 사모펀드 등은 수익률이 높을 수는 있어도 투자위험을 개인이 감당하기 어렵다.**

저금리 시대가 지속되면서 이런 상품들이 투자자의 돈을 유혹한다. 그럴수록 투자에 신중해야 한다. 채권상품은 예금자 보호와 무관하지만 대부분 증권시장에서 거래되는 신용도가 높은 채권으로 나름의 위험을 체크할 수 있는 공식적인 체크리스트가 있다.

3
아파트시장의 극심한 양극화,
　결국 오르는 지역의 아파트가 또 오른다

　　　　　　　　　현재 대한민국에서는 모든 영역에서 양극화가 급격하게 진행되고 있다. 소득의 양극화에서 시작해 부동산과 주식에 이르기까지. 우리나라는 지금 양극화 현상으로 소수가 전체 이익을 독식하는 승자독식의 사회다. 아파트시장도 그 연장선상에 있다.

　일부 사람들은 아파트는 콘크리트로 건축된 거대한 시멘트 구조물로, 정작 현대건축의 탄생지인 유럽에서는 아파트가 가난한 이민자, 도시 빈민자들이 거주하는 곳이라고 하는데 왜 우리나라 사람들만 아파트를 선호하는지 그 이유를 모르겠다고 말한다.

　국토의 약 70%가 산지이고 이제는 개발할 수 있는 택지가 거의 남아 있지 않은 그리고 인구밀도는 상대적으로 높은 우리나라의 경우, 주거난을 해결하기 위해서는 제한된 공간에 집합건물을 되도록 높이 올려야 하는 현실적인 이유가 있었다.

그런데 아파트가 주거공간의 편리성이라는 본래의 목적을 넘어서 지역에 따라 양극화가 현저하게 진행된다는 데 문제가 있다. 그래서 누구는 집 한 번 잘 사서 부자가 됐고 또 누구는 집 한 번 잘못 사서 더 가난해졌다는 말이 설득력을 가진 사회가 되었다. 집 한 번 사고 파는 일이 근로소득을 앞질러 개인의 부를 결정짓는 나라가 정상은 아닐 테지만 이것이 현실이다. 우리는 어쩌면 죽는 그날까지 아파트 와 씨름하면서 살아야 할 운명에 처해 있는지도 모른다. 이것이 아 파트공화국 대한민국의 슬픈 현주소다.

나는 사회생활 중 대부분의 시간을 강남에서 보냈다. 내가 매년 느끼는 강남의 변화 속도는 놀라울 정도다. 불과 얼마 전까지만 해 도 강남에는 곳곳에 저층의 아파트단지가 있었고 중간 중간에 재래 시장과 낡고 허름한 다가구 다세대 주택이 오밀조밀 밀집해 있는 곳 들이 꽤 있었다.

국정원과 헌인릉을 비롯해 간혹 가다가 전원주택풍의 집만 드문 드문 있었던 내곡동이나 자곡동, 비닐하우스가 평야를 가득 메우고 있던 장지동, 우리 시대에 병영집체훈련을 받기 위해 입소했던 문무 대가 있던 곳은 위례신도시로 바뀌어 현재는 고층아파트가 상전벽 해를 이루고 있다. 짧은 시간에 변해도 너무 많이 변했다. 강남은 지 금도 계속 변하고 있고 그 변화의 중심에는 고층아파트가 있다. 주 거환경은 더 좋아졌다. 수서에서 양재로 이어지는 대모산, 우면산

녹지벨트는 자연이 강남에 선물한 천혜의 환경이다. 그래서 "강남을 대체할 아파트단지는 대한민국에는 없다"는 말이 나오는 것이다. 오르는 아파트는 오를 만한 이유가 분명히 있다. 강남은 10년간 계속된 부동산 침체기가 지나면서 가장 먼저 전고점을 회복하고 신고가를 다시 쓰고 있는 대표적인 곳이다.

나는 나이를 더 먹으면 서울 외곽의 신도시 중에서 녹지비율이 높고 생활편의시설이 성숙된 지역에서 살고 싶은 꿈이 있었다. 그래서 시간이 나면 신도시 곳곳을 찾아 다녔다. 그렇게 찾아낸 곳이 일산 신도시의 식사지구 풍동지구, 파주 운정신도시, 용인시의 동백지구 구성지구 등이다. 이 지역들의 공통점은 타 지역에 배해 대형 평수의 공급물량이 많고 분양 당시의 가격에 비해 거의 오르지 않았다는 점이다. 은퇴 이후의 생활을 꿈꾸는 사람이 살기에는 더 없이 좋은 곳이지만 생활여건에 비해 경제성은 저평가되어 있으며 문제는 앞으로도 가격이 더는 오르기 힘들 것이라는 점이다.

앞에 열거한 지역의 아파트는 강남아파트 가격과 매우 차이가 난다. **투자 관점만 보고 평가한다면, 대한민국 아파트는 주거환경의 편의성이 아니라 아파트가 자리하고 있는 위치에 따라 가격이 결정된다.** 이 사실은 대한민국 부동산이 존재하는 한 변하지 않을 것이다. 결론적으로 아파트시장의 가격 양극화는 절대적으로 지역적인 영향을 받을 뿐, 정부의 정책 등 다른 요소는 후자적인 문제에 지나지 않는다.

우리는 흔히 양극화라는 말을 자주 한다. 또한 판에 박힌 듯 서울 강남권 역세권에 투자해야 한다고 주장한다. 그리고 지방권은 부산은 해운대, 대구는 수성구 등 해당 지역의 핵심권역에 투자하면 된다고 너무 쉽게 말한다. 그러나 전체로서의 시장이 아니라 부분, 지역 중심의 투자는 해당 지역에 사는 사람이 가장 잘 안다. 해당 지역에서도 디테일하게 보면 지역 내에서도 차이가 많다. 부산 해운대구만 해도 지역 범위도 매우 넓고 위치에 따라 차이가 크다. 따라서 획일적으로 어느 지역은 어떨 것이라는 말은 실수요자에게는 별 도움이 되지 못한다.

나는 우리 시대의 경제흐름을 읽는 대표적인 키워드는 양극화라고 믿는다. 이는 특정 경제섹터에서만 보이는 현상이 아니다. 산업 전반에 걸쳐서 이 현상은 보편적인 흐름이 되고 있다. 경제흐름을 즉각 반영하는 주식시장에서도 잘나가는 업종과 그렇지 못한 업종, 잘나가는 업종 내에서도 대표기업과 마이너기업 간의 주가 차이는 매우 크다.

새 정부 들어와서 코스피지수는 연일 신고가를 다시 쓰고 있지만 소수의 시가총액 상위종목이 주가차익을 독점하는 구조다. 부동산 시장에서도 양극화는 현저하게 진행되고 있다. 인구가 감소하는 중소도시의 부동산은 죽을 쓰고 있지만 인구유입의 증가로 상권이 부활하는 곳 역세권의 부동산은 지속적으로 가격이 오르고 있다. 인구

감소의 시대에 인구이동으로 발생하는 지역 간 인구 밀집도의 차이는 앞으로도 더 커질 것이 분명하다.

개인이 가장 선호하는 주택인 아파트는 지역적 차이에서 오는 가격의 양극화가 매우 빠르게 진행되고 있다. 아마도 이 흐름은 인구절벽, 인구편중 현상에 의해 우리의 예상보다 더 빠르게 진행될 것이 분명하다. 아파트를 주거공간의 개념을 넘어서 투자이익까지 얻을 수 있는, 즉 두 마리 토끼를 다잡기 위해서는 어느 지역에 투자해야 할 것인가. 우리는 이 부분에 대해 항상 고민한다. 어느 곳의 아파트가 좋은지는 알겠는데, 막상 사려고 하면 너무 오른 것 같아 부담스럽고, 가격이 조정국면에 들어가면 사야겠다고 다짐하지만 막상 가격이 떨어지면 사기 겁난다.

투자 시기는 스스로 결정해야 한다. 누구도 대신 결정해 줄 수 없으며, 지역을 추천해도 그 안에서 성공하는 사람과 실패하는 사람이 나오기 마련이다. 디테일의 싸움이기 때문이다. 그러나 여기서 한 가지 확신할 수 있는 점은, 부동산시장에서 만고의 진리는 오르는 지역의 아파트가 또 오른다는 사실이다.

4

부동산 역사를
새로 쓸 곳은 어디인가?

핵심지역의 아파트는 그 포지션을 굳히기까지 사람들의 선호도가 꾸준했던 곳으로 이미 검증이 끝난 상태다. 핵심권역 아파트가 어느 곳인지는 대부분의 사람들이 알고 있다. 서울의 경우 미래가치에 비해 아직은 저평가되어 있는 한강개발벨트축 선상의 용산 국제지구, 한남, 성수지구 등은 탁월한 한강조망권을 갖추고 있고 용산을 중심으로 한 광역교통망의 구축으로 다시 시장의 주목을 받게 될 것이다. 특히 성수지구는 도시재생사업이 본격적으로 추진되면 그 수혜를 가장 많이 받는 지역 중 하나다.

수서SRT 개발은 강남 남부권에 속해 있는 세곡, 자

곡지구, 장지동 동남권 물류단지 일대, 위례신고시를 한데 묶어서 이 지역의 위상을 높일 것이 확실시되고 있다. 수도권에서는 수도권급행열차GTX의 개통, 서울 지하철 연장으로 서울 중심으로의 접근성이 획기적으로 개선되는 광교, 하남 미사신도시, 남양주의 별내지구와 수도권에서 가장 오랜 기간 저평가 되어있는 대표적인 지역인 파주운정, 송도, 청라국제신도시 등의 부동산 역사가 다시 쓰일 것이다. 몰라서 투자하지 않는 것이 아니다. 가격이 높은 점도 있지만 우리가 부동산에 갖고 있는 고정관념이 문제다. 시장은 변화하기 위해 존재하는 것이다.

오랜 기간에 걸쳐 그 가치가 이미 검증된 핵심지역의 아파트는 주식으로 따지면 시장지배력이 강한 독점우량기업에 속한다. 독점우량기업은 불황기일수록 가격의 하방경직성이 매우 강하게 나타나고, 활황기에는 항상 전고점을 넘어 신고가를 다시 쓴다. 따라서 투자자에게 장기적으로 안정적인 수익을 보장한다.

주식투자처럼 핵심지역의 아파트는 부동산 하락기에 많이 떨어지지 않으며, 부동산 상승기에는 타 지역보다 많이 오르는 특징이 있다. 투자자 입장에서 최고의 투자대상이 아닐 수 없다. 따라서 핵심지역의 아파트일수록 부동산 불패신화가 강하다. 이 지역만큼은 "사두면 오른다"는 신화가 여전하다. 과거에도 그랬고 현재도 그렇다. 각종 데이터와 지표가 이를 뒷받침한다.

이뿐만이 아니다. 핵심권역의 아파트는 불황기에는 전세가가 오르고 활황기에는 매매가가 상승한다. 불황기에는 상대적으로 적은 돈으로 매입이 가능해진다. 이래저래 투자하기에 안성맞춤이다.

많은 사람들이 정권이 바뀌면서 부동산 폭락이 오리라 생각한다. 과연 그럴까. 이를 단정적으로 말하기는 곤란하다. 전체와 부분, 지역 간의 차별화를 무시한 채, 오른다 떨어진다고 하나의 방향성만을 가지고 시장을 단정할 수는 없다. 폭락기에도 오르는 부동산은 있기 마련이고, 상승기에도 떨어지는 부동산은 항상 존재했다. **한 가지 분명해진 사실은 앞으로 대한민국 부동산시장은 지역에 따라 차별화가 과거보다 더 심해질 것이라는 점이다.** 부동산 상승기에는 대부분이 오르기 때문에 차이를 크게 못 느낀다. 그러나 하락기에는 오르는 부동산과 그렇지 못한 부동산의 명암이 확실한 차이를 보인다. 주식과 마찬가지다. 주식이 상승하는 시기에는 어떤 종목을 사도 수익을 내기 쉽다. 반면 주식이 하락하는 시기에는 오히려 종목을 잘 골라 투자해야 손실발생의 위험을 회피할 수 있다.

핵심권역에서 전세로 살다가 전세가 폭등에 밀려서 2016년 초 내 집 마련에 나섰던 사람들, 그 중에서 소형아파트를 샀던 사람들은 지금은 마음을 놓았을 것이다. 이미 한 차례 가격 상승의 달콤함을 누렸으니 말이다. 반면 싸다는 이유로 비핵심권에서 내 집 마련을 한 사람은 가격도 오르지 않았고 이제는 하락을 걱정해야 하는 처지에 놓여 있다.

아직까지 사람들의 머릿속에는 IMF 위환위기와 2008년에 발생한 서브프라임모기지론 금융위기에 대한 깊은 트라우마가 남아 있다. 따라서 혹시나 있을지 모르는 과격한 금리 인상으로 부동산이 또 폭락이라도 하면 어쩌나 하는 걱정이 많다. 그러나 서울 수도권 핵심지역의 아파트투자라면 너무 몸 사릴 필요는 없다. 특히 실수요자라면 부동산시장의 변동에 크게 영향 받지 않았으면 한다.

서울아파트 3.3㎡당 매매가격이 1,937만원으로 역대 최고가를 기록하고 있다(2017년 4월 21일 기준). 2016년 11.3 부동산 규제책에도 불구하고 공급물량이 수요를 따라가지 못하면서 집값 상승세가 이어진 결과다. 그러나 송파구(현재가 2,491만원. 최고가 2,619만원), 강동구(현재가 1,815만원 최고가 2,070만원), 도봉구(현재가 1,103만원, 최고가 1,272만원) 등은 2006년과 2009년에 기록한 전고점 가격을 아직 회복하지 못하고 있다. 이 통계로만 놓고 봤을 때 앞으로 아파트시장의 핵심권역은 더 좁아질 것이고 양극화는 더 심해질 것으로 예상된다.

아파트 평형대 별로 구분해 살펴보면 또 다른 흐름을 보이고 있다.

서울은 2013년 강서구 마곡지구를 끝으로 신규 아파트의 공급 대부분이 재개발·재건축 등 정비사업으로 국한되어 가는 상황이다. 과거 대비 실제 공급량이 부족한 강남 서초구는 가격 상승이 꾸준하다. 반면 같은 강남권으로 분류하기도 하지만 강동구의 경우에는 하남 미사, 위례신도시 등의 대형아파트 개발에 의한 대체 공급지역의 증가로 아직까지 전고점을 돌파하지 못하고 있다. 이제부터는 아파트시장을 핵심권과 비핵심권으로 나누는 것이 무의미해질지도 모른다. 우리가 일반적으로 핵심지역이라 생각했던 곳에서도 지역 간 가격의 간극이 벌어지는 현상이 점차 나타나고 있기 때문이다.

투자상품의 가격 사이클은 일정한 가격패턴이 존재한다. 경제상황이 악화되면 시장 전체적으로 가격의 하락은 어쩔 수 없는 일이다. 2008년 금융위기 당시 국내 금리가 치솟으면서 대기업 발행 회사채, 우량종목의 주식, 핵심지역의 부동산까지 가격하락을 피할 수 없었다. 그런데 우리가 이 부분에서 주목해야 할 사실은 주식과 부동산시장에서 우량종목과 핵심권역 부동산은 가격 하락폭이 상대적으로 적었으며, 위기국면이 지나면서 전고점 가격을 가장 빠르게 회복했다는 점이다. 이는 크건 작건 금융위기 시점마다 반복되는 패턴이다

그래서 이런 말까지 생겨났다. "금융위기에 쫄지 않고 똥값으로 떨어진 우량채권 우량주식 핵심권역의 부동산에 투자한 사람이 가장 많은 돈을 번다."

서울 주요지역 3.3㎡ 아파트 매매가(기준일 2017년 4월 21일, 단위: 만원)

강남구	3,608	종로구	1,906
서초구	3,320	광진구	1,885
마포구	1,938	중 구	1,825
성동구	1,937	영등포구	1,741

(자료: 부동산 114)

　위의 표만 보고 아파트 미래 가치를 평가하기에는 부족함이 있다. 위의 표를 보면 서울시내 아파트는 거의 모든 지역이 몇 년 전과 비교해 크게 오르고 있는 것처럼 보인다. 그러나 이는 착시현상이다. 최근 몇년 동안의 가격추이만 보면 아파트시장이 전체적으로 호전되고 있는 것처럼 보인다. 그러나 2007년 말 서울의 아파트는 고점을 찍은 후 오랜 기간 하락국면에서 좀처럼 빠져나오지 못했다. 2014년~2016년 투자공간에서 전 정부의 부동산규제 완화정책에 힘입어 하락폭이 줄어들었을 뿐이다. 이것이 과거 서울아파트가 역동적인 가격 상승흐름을 보여줬던 것과 구별되는 점이다. 현재 부동산 시장의 흐름에서 확실하게 말할 수 있는 것은 핵심권역의 아파트일지라도 과거의 가격패턴과 다르게 크게 오르지도, 크게 떨어지지도 않는 가격흐름이 일정한 박스권에서 오르고 내리기를 반복한다는 사실이다.

5

살기 좋은 아파트 vs. 가격이 오르는 아파트, 무엇이 좋은 아파트인가?

좋은 아파트의 조건은 무엇인가? 너무 식상한 질문이다. 좋은 아파트가 무엇인지 몰라서 투자하지 못하는 것이 아니다. 그래도 좋은 아파트의 조건을 한번 정리해 보자. 우선 교통, 교육환경, 생활편의시설의 성숙도, 서울 중심지역으로의 접근성 등을 들 수 있다. 그러나 이 부분은 획일적으로 말할 수 없는 것이 각자가 처한 현실에 따라 좋은 아파트의 조건이 달라지기 때문이다. 은퇴 후 고즈넉한 일상을 즐기면서 살고 싶은 사람은 서울 중심권에서 떨어져 있다 하더라도 자연친화적인 환경이 갖춰진 아파트단지에서 살고 싶을 것이다. 반면 아이들의 교육을 중시하는 사람이라면 상위학교 진학에 유리한 입시학원이 집중되어 있는 곳을 우선 고려할 것이다.

그런데 우리나라에서는 좋은 아파트의 조건은 오직 한 가지로 압축된다. 앞서 언급한 대로 내가 산 아파트가 앞으로 오를 것인가, 오른다면 얼마나 오를 것인가 하는 시세차익에만 초점이 맞춰져 있다. 따라서 좋은 아파트의 조건이 획일적일 수밖에 없다. 시세차익이 많은 아파트가 좋은 아파트의 절대적 조건이 된다는 사실은 여전히 우리 시대의 집은 사는Living 곳이 아닌 사는Buying 것이라는 생각을 하게 만든다.

투자상품으로 좋은 아파트의 기준은 매뉴얼화되어 있다. 당신도 이를 모르지 않을 것이다. 다만 정부의 정책, 시장의 유동성, 인구의 변동에 따라 해당지역의 가격이 오르고 내리기를 반복한다.

2014년~2016년 사이 박근혜정부의 부동산규제 완화정책이 직접적으로 시장에 영향을 주기 시작하면서 핵심권역 지역의 아파트가격만 많이 오른 것은 아니다. 좋은 아파트의 조건에서 상위 조건에 해당하는 교통여건의 개선으로 아파트가격이 오른 곳을 주목할 필요가 있다. 특히 눈여겨 볼 곳은 오랜 기간 침체 국면에 있었던 김포한강 신도시의 아파트단지들이다.

김포시의 아파트가격은 2014년 3월~2017년 3월까지 12.9% 올랐다(자료:KB국민은행). 수도권 평균 10.2%보다 2.7% 더 올랐고 경기도 내에서는 광명시에 이어 두 번째로 많이 올랐다.

김포시에는 지난 2년간 1만 4,887가구의 아파트가 공급됐지만 2017년 기준 미분양은 153채에 지나지 않는다. 김포시 아파트가격이 상승한 이유는, 2018년 개통을 앞두고 있는 김포도시철도로 인해 서울 접근성이 개선됐기 때문이다. 김포도시철도는 양촌역을 기점으로 구래역, 장기역, 운양역, 걸포북변역, 김포시청역, 풍무역, 김포공항역까지 10개 역이 신설된다.

현재 부동산시장에는 부정적 시그널이 많다. 금리 인상과 대출규제강화, 여기에 2018년까지 입주대기 물량도 약 80만 가구에 이른다. 공급과잉에 의한 부정적 시그널이 현실화되고 있는 시점이다. 그러나 부동산시장의 부정적 시그널에도 불구하고 서울 수도권 핵심지역 내의 아파트는 큰 영향을 받지 않고 있다. 2018년 재건축개발초과이익환수제 부활을 앞두고 있는 서울 강남의 재건축아파트단지들도 2017년 8.2 부동산대책이 나오기 전까지는 계속 오르고 있었다.

부동산시장의 불확실성이 커져만 간다. 이럴 때일수록 미래에 시장을 선점하는 곳을 잘 골라서 투자해야 한다.

부동산시장의 변화에도 불구하고 안정적인 가격흐름을 보일 곳은 어디인가. 우선 1,000세대 이상의 대단지아파트, 교육환경이 성숙된 곳, 로얄동, 로얄층, 85㎡ 이하의 소형아파트, 역세권으로 생활편의시설이 잘 조성되어 있는 곳, 교통인프라의 개선이 예상되는 곳으로 서울 접근성이 획기적으로 편리해진 곳, 신규 유입인구가 증가되는 곳이 미래에 가격상승의 여지가 높다.

같은 지역 내의 아파트일지라도 아파트 브랜드가 프리미엄이 되는 시대다. 사실 아파트 분양시장에서 건설사(시공사) 브랜드 선호현상은 예전부터 있었다. 그런데 최근 들어서는 그 강도가 더해지고 있다. 이를 주목해야 한다. **같은 지역이라면 브랜드 선호도가 높은 아파트를 골라야 한다.**

신도시 및 택지개발지구 내의 아파트는 동일 지역으로 도로와 교육시설, 생활편의시설이 체계적으로 개발되어 동일한 조건을 갖고 있지만 주택을 구매하는 결정 과정에서 아파트 브랜드가 큰 영향을 미친다. 같은 입지조건일지라도 브랜드의 지명도에 따라 집값 형성에 차이가 난다. 브랜드 인지도가 높은 아파트는 동일 지역 내의 다른 아파트보다 시세가 안정적이고 매매에도 유리해 분양시장에서 인기가 높다. 평판이나 상품적인 측면에서도 브랜드 아파트가 지명도가 떨어지는 아파트보다 우월하다는 인식이 자리하고 있다.

브랜드 가치가 높은 아파트는 대부분 시공능력이 검증된 대형건설사와 우수한 시공능력을 가진 전문건설업체가 함께 시공에 참여한다. 앞으로 신규입주 아파트 공급증가로 인해 전세매물이 증가하고 전세가격이 안정화됨으로써 거주 선호도가 낮은 노후아파트 기피현상은 가속화될 것이다.

내 집 마련을 원하는 사람들에게 강남아파트는 '머스트 해브MUST HAVE' 상품이다. 강남아파트가 비핵심지역의 값싼 아파트였다면 당신의 재산목록에 머스트 해브 상품으로 기록해놓지는 않았을 것이다.

우리는 꼭 필요하지는 않지만 남에게 보이기 위해서라도 갖고 싶은 상품을 머스트 해브 상품으로 꼽는다. 누구나 가질 수 있는 상품은 머스트 해브 상품이 될 수 없다. 강남아파트는 아파트시장에서 명품으로 포지셔닝되어 있기 때문에 머스트 해브 상품인 것이다. **소위 경부라인으로 표현하는 남동권의 아파트가격은 강남아파트가 위치한 강남 중심부와의 이동거리에 비례하여 가격이 정해진다.**

이 말은 듣는 이에 따라서 매우 거북한 소리일 수도 있다. 그러나 소위 말하는 경부라인에 위치하고 있는 지역의 아파트가격은 앞에 얘기한 내용과 대부분 일치한다. 강남에서 이동거리 순으로 분당, 판교, 동천, 죽전, 보정, 수지, 성복, 신봉, 상현, 마북, 동백, 구성, 신갈, 구갈, 흥덕지구의 아파트가격은 강남 이동거리 이동시간 순으로 가격이 정해진다.

일례로 강남 중심권으로부터 이동거리가 많이 떨어진 거리에 위치한 광교신도시가 용인시 아파트보다 평균가격이 높은 이유는 용인-서울고속도로 신분당선 연장으로 강남 중심권으로의 이동시간이 획기적으로 단축된 것에 큰 영향을 받았다. 중대형아파트의 무덤으로 장시간 침체국면을 벗어나지 못했던 용인시의 신봉 성복 상현 지구가 그나마 현재 수준 정도로 가격이 회복된 이유도 신분당선 개통 덕분이다.

최근에 지어진 아파트는 거의 대부분 3베이Bay구조로 채광, 주거 쾌적성에서 기존의 2베이Bay와 비교불가라 할 정도로 살기가 좋다. 슬픈 현실이지만 아파트가 살기 좋다고 가격이 다 오르는 것이 아니다. 우리 시대의 아파트는 사는 곳Living에 대한 가치부여보다 아직은 사는 것Buying에 더 많은 가치를 부여하고 있기 때문이다.

6

대형아파트는
정말 끝인가?

　　　　　　　　　　시장의 변덕은 누구도 예상할 수 없다. 그
래서 투자가 힘든 것이다. 10년 전 대형아파트가 아파트시장을 주도
하면서 사람들은 이렇게 말했다. "개인소득의 증가, 쾌적한 주거환
경에서 살고 싶어 하는 인간의 기본적 욕구, 1인 주거공간 면적의 확
대, 신축아파트의 탁트인 3베이 구조의 아파트는 개인 삶의 질까지
도 높인다." 이 말이 당시 아파트시장에서 지배논리화되면서 누구도
이 말에 토를 달지 않았다. 그리하여 수도권 외곽의 홀로 아파트단
지마저 분양시장에 사람들이 몰렸고 이곳에 막차로 투자한 사람들
은 지금까지도 그 대가를 혹독히 치르고 있다. 용인시의 대규모 아
파트단지들은 어느 곳을 가나 대형아파트가 공급을 주도했다. 대표
적인 곳인 성복 신봉 구성 동백 지구는 아직도 분양가를 회복하지
못하고 있는 곳이 많다.

분당신도시는 "천당 아래 분당"이라는 말이 회자될 정도로 부동산 버블기에 가격 상승을 주도하던 곳이었다. 그로부터 10년이 지나는 동안 분당아파트는 많은 부침을 겪어 왔다. 최근 들어 분당신도시는 2030세대 젊은층이 서울을 벗어나 살고 싶은 지역 1순위 지역으로 꼽을 만큼 전철 신노선 개통, 도시 인프라의 성숙으로 다시 주목을 받고 있다. 이 흐름을 반영하듯 분당신도시 내의 소형아파트와 오피스텔 가격도 꾸준히 올랐다. 그러나 분당신도시 역시 대형아파트는 침체에서 벗어나지 못하고 있다.

부동산 버블기에 분당아파트 시세를 주도하던 아파트는 대형아파트였지만 현재는 아니다. 분당신도시의 대형아파트들은 대형아파트의 무덤으로까지 표현되고 있는 용인시내 일부 택지지구 대형아파트 수준까지는 아니라는 점에서 위로가 될 수는 있어도 최근의 분당신도시의 대형아파트는 전 고점에 미치지 못하는 가격흐름을 보이고 있다.

분당신도시 소재의 133㎡ 대형아파트의 전 고점은 3.3㎡당 3,000만원을 호가했다. 그러나 금융위기 이후 계속 하락해 최근에도 전 고점 대비 20% 이상 가격이 떨어져 있는 상태다.

강남 3구, 한강벨트축 선상에 위치해 있는 핵심지역 내의 아파트가 아니고서는 대형아파트는 거의 전 지역에서 전 고점을 회복하지 못하고 있다.

수도권 지역에서 대형아파트의 무덤으로까지 포지셔닝되어 있는 용인시의 경우 경부라인, 삼성반도체 벨트 호재를 타고 일시적으로 가격이 반짝 상승하기도 했으나(2014년~2015년) 아직도 미분양이 4000가구에 이르고 있다. 같은 미분양으로 골머리를 앓고 있던 김포한강신도시는 2015년 기준으로 3,000가구의 미분양 물건이 있었지만 교통환경의 개선 등 개발호재가 가시화 되면서 빠르게 소진되는 과정에 있다. 이 두 지역은 매우 대조적인 가격흐름을 보이고 있다.

용인시의 아파트는 수도권 동남권이라는 지역프리미엄으로 실제 가치보다 높은 가격으로 분양되었다. 용인시의 택지개발지구는 지역에 따라 호불호가 완전히 갈린다. 용인 서울고속도로, 신분당선 연장선 개통, 광교신도시 개발 등의 호재로 수혜지역인 상현, 수지, 신봉, 성복지구 등은 오랜 침체에서 기지개를 켜고 있는 반면 기흥, 구갈, 신갈, 구성, 동백지구 등의 대형아파트는 좀처럼 오를 기미가 안 보인다. 용인시는 주택도시보증공사HUG가 지정한 미분양 관리지역이지만 2018년까지 2만 3,000가구가 더 분양될 예정이다.

용인시의 대형아파트 침체를 감지한 건설사들도 100% 중소형아파트로 구성된 분양광고로 투자자들을 유혹하고 있다. 건설사의 영업전략은 시장의 흐름을 즉각적으로 반영해 대처한다. 앞으로도 용인시 아파트시장은 중소형이 분양시장을 주도할 것이다. 국토교통부 자료를 보면(2017년 2월 15일) 전국에서 거래된 전용면적 59㎡(18평형) 이하 아파트의 거래량은 14만 2,654건으로 14.5% 이상 증가하였다.

2008년 금융위기를 겪으면서 중소형과 중대형아파트의 전세가 역전됐다. 이전에는 전용면적 85㎡를 초과하는 중대형아파트가 소형 아파트보다 보통 2배가 더 올랐다. 그만큼 당시는 대형아파트의 투자가치가 높았다. 당시에는 대형아파트 한 채만 가지고 있으면 노후 준비가 끝난다는 얘기까지 생겨났다.

미래에 대형아파트가 생존할 수 있는 지역은 지금보다도 더 좁혀질 것이다. 해당 지역은 서울의 경우 서초구, 강남구, 송파구, 강동구를 우선 꼽을 수 있다. 하지만 강동구는 인근지역에 하남미사신도시, 위례신도시가 개발되면서 이 지역을 중심으로 한 대형아파트 공급 증가로 서초구, 강남구, 송파구의 강남 3구와 차별화된 가격흐름을 보이고 있는 사실을 눈여겨봐야 한다.

한강벨트축 선상의 용산 이촌 한남 성수지구는 그동안의 부진을 떨쳐내고 다시 대형아파트의 가격이 오를 가능성이 높다. 현재 이 지역은 수도권 광역망 급행열차의 개발, 정부가 본격적으로 추진하는 도시 재생사업의 호재가 겹치고 있다.

지방의 경우에는 해당지역 내의 핵심지역으로 교육 생활 인프라가 뛰어난 곳을 중심으로 대형아파트의 선호가 있을 것이다. 대표적인 지역은 대구 수성구, 부산 해운대구다.

지금처럼 부동산시장의 불확실성이 커지고 부동산 규제정책이 강화되는 방향으로 진행되는 상황에서 아무리 핵심권의 대형아파트일지라도 실거주 목적으로 형편에 맞게 투자해야지 섣불리 빚까지 내면서 투자하는 것은 삼가야 한다.

대형아파트의 몰락으로 중소형아파트가 반사이익을 얻고 있다지만 중소형아파트의 분양가가 지나치게 부풀어 오르는 현상은 투자하는 입장에서는 부담스러운 일이다. 또 언론에서 중소형아파트의 경제성을 지나치게 강조하는 것은 건설사의 의도된 마케팅전략으로 볼 수 있다.

중소형아파트의 부상은 중산층의 붕괴와도 연관성이 깊다. 중산층 수요가 탄탄하면 중대형아파트의 가격이 오를 것이다. 그러나 상황은 반대로 진행되고 있다. 중산층이 무너지고 인구가 감소하는 현실, 노년층은 노후준비자금 마련 때문에 관리비가 많이 드는 대형아파트 거주를 피하고 있다. 게다가 대형아파트는 임대를 놓기도 어렵다. 거의 힘들다고 보는 것이 정확하다. 그러나 부동산시장의 앞날을 어떻게 알겠는가. 어느 순간에 가서 대형아파트의 공급물량이 급격하게 줄어들고 대형아파트가 희소가치를 갖게 된다면 비핵심지역의 대형아파트도 오르지 말란 법은 없다.

투자론에 입각해서 말하자면, 투자상품의 절대성은 존재하지 않는다. 시장흐름에 의한 상대적 가치만이 존재할 뿐이다. 금리가 오르면 확정수익률로 이자가 지급되는 예금, 회사채의 투자가치가 상승하고 그 반대로 금리가 떨어지면 주식과 부동산에 돈이 몰리는 이치를 생각해 보면 된다. 이런 관점에서 대형아파트의 공급이 줄어들면 대형아파트는 오를 가능성이 있다. 고정된 시각으로 시장의 흐름을 예단해서는 안 된다. 그래서 시장의 변화를 다각적 측면에서 받아들이는 유연한 사고를 가져야 한다.

7

재건축 초과이익환수제 부활이
   미칠 영향은

강남 재건축 아파트단지들이 유독 시장의 주목을 받고 투자자의 관심이 쏠리는 이유는 강남은 만성적인 택지 부족지역으로 재건축이 아니고서는 아파트 공급을 늘릴 수 없기 때문이다. 예전부터 강남의 저층 재건축단지들은 투자자의 관심이 집중되는 곳이었다. 관심이 집중된다는 의미는 저층 재건축아파트들이 속된 표현으로 '돈이 되기' 때문이다. 2000년대 초반 3억에서 4억이면 살 수 있었던 개포동 저층 아파트는 재건축에 대한 호재로 그당시보다 10억 원 이상 매매가가 올라 있다. 아무튼 강남의 재건축 아파트는 국내 부동산시장에서 언제나 뜨거운 감자였다. 2018년 재건축개발 초과이익환수제의 부활을 앞두고 강남의 재건축단지들은 가격이 급등했다. 새 정부의 규제책이 실시되기 전 마지막 투자 공간이라는 시간적 제한성 때문에 투자자가 몰려들었기 때문이다.

사실 재건축시장은 호재보다는 악재가 많다. 미국발 금리인상, 문재인정부의 부동산 규제정책은 시장에 위협을 주기에 충분하다. 따라서 앞으로 1~2년간 재건축시장의 성장세는 상당 부분 위축될 것으로 예상해볼 수 있다. 물론 입지가 좋고 사업추진 속도가 빨라 재건축 초과이익환수제를 피할 수 있는 단지는 시세가 오를 것이고 그렇지 못한 곳은 약세를 보일 것이다.

현재 재건축아파트의 투자에서 가장 중요한 포인트는 초과이익환수제의 적용 여부다. 2006년 도입된 초과이익환수제는 재건축으로 조합원이 얻은 이익이 평균 3,000만원을 넘으면 초과금액의 최고 50%를 세금으로 부과하는 제도다. 재건축 초과이익환수제는 부동산시장을 지나치게 위축시킬 가능성이 높다는 이유로 2013년부터 한시적으로 제도의 시행을 유예시켜 왔다. 그 유예기간이 2017년 종료된다.

2017년 말까지 관리처분계획을 내지 못하는 재건축단지는 2018년부터 초과이익환수제의 적용대상이 된다. 재건축사업 추진의 목적은 결국 재건축사업으로 발생하는 시세차익을 얻는 것이다. 따라서 초과이익환수제가 적용되면 수익성이 낮아질 수밖에 없다. 이 때문에 많은 재건축단지가 2017년 내에 관리처분계획을 내고자 사업진행 속도를 높여 왔다. 실제 2016년 말부터 초과이익환수제를 피하려는 단지가 몰려 도시계획위원회에 평소보다 2배가 넘는 정비계획심의 안건이 올라갔었다.

재개발 초과이익환수제로 인해 재건축아파트를 보수적 관점에서 투자하라는 말들이 많다. 사업진행이 초기 단계인 재건축단지에 투자하면 기대만큼 수익률을 올리기 어렵다. 서울은 새 아파트 공급이 많지 않기 때문에 2017년 안에 관리처분인가를 받을 수 있는 단지나 이주가 시작된 단지는 저가 매물 위주로 투자하는 것이 위험을 회피하는 것이다.

2017년 상반기까지 사업시행 인가를 받지 못한 단지는 투자대상에서 피하는 것이 좋다. 주택경기의 불확실성이 여전하다. 이런 상황에서는 투자안정성을 가장 중요하게 보고 투자해야 한다.

정부의 정책은 시장상황이나 정치적 판단에 따라 얼마든지 변할 수 있다. 초과이익환수제의 실효성에 의문을 갖는 목소리도 커지고 있다. 정부의 규제 강화로 주택시장이 위축된 시점에서 당장 초과이익환수제를 실시할 시점이 아니라는 지적이 그것이다.

처음 재개발 초과이익환수제가 도입된 2006년은 전국 아파트가격이 평균 24% 이상 오르고 서울 강남아파트는 1년 만에 40% 이상 오르는 과열된 상황이었다. 물론 서울 강남권 일부 재건축 단지의 이익을 위해 제도를 폐기하거나 유예조치를 내리는 것은 형평성의 측면에서 불합리하다. 그만큼 정부가 솔로몬의 지혜를 발휘해 엄중하

게 서민 중산층, 실수요자가 피해보지 않는 정책 방향을 제시해야
할 시점이다.

서울 강남 주요 재건축 단지 현황

단지 명	현재 가구 수	재건축 가구 수	최고층
잠실주공5단지	3930	6483	35층(일반주거지역)
은마아파트	4424	5940	49층 이하
현대아파트	5752	미정	45층 이하

* 재건축으로 초고층아파트가 건축되면 해당지역은 교통대란으로 교통지옥이 된다. 기반시설 35층에서 49층
으로 용도변경이 이뤄지면 건설비 대비 추가 부담금도 급증한다.

현재 대한민국 재건축시장에서 폭발성이 가장 큰 지역은 1990년
대 초반 수도권 주요 지역에서 동시간대에 건설된 1기신도시다. 1기
신도시는 건축된 지 30년이 가까워져 이제부터 본격적으로 재건축
시장으로 진입한다. 우리나라의 건축문화에서 아파트의 건축연령이
30년이 되면 재건축을 하지 않을 수 없다. 이 시점부터 아파트의 노
후화가 급속히 진행되기 때문이다.

문제는 1기신도시 고층아파트 재건축은 호재가 아
니라 부동산시장을 혼란의 장으로 몰고 갈 것이라는
사실이다. 재건축의 경제학이 가능하기 위해서는 재
건축 시행으로 개발이익이 발생해야 한다. 그러나 이
것이 가능하기 위해서는 용적률이 상향조정되어 같
은 면적에 더 많은 아파트를 지을 수 있어야 한다. 그

런데 1기신도시 아파트는 이 문제가 현실적으로 쉽지 않다.

그래서 그 대안으로 제시되는 것이 아파트 리모델링이다. 문제는 리모델링은 늘어나는 아파트 면적에 비해 부담해야 할 추가분담금이 오히려 많다는 점이다. 지금까지 아파트 재건축은 용적률이 낮은 저층 아파트단지를 고층아파트로 개발해 이익을 늘리는 방법이었다. 과천 주공, 잠실 주공, 개포 주공과 시영, 둔촌 주공 등 주요 재건축아파트가 다 여기에 포함되는 재건축단지에 해당되는 곳이다.

강남 고층 재건축 단지들도 사업성을 두고 비관적 전망이 많다. 그런데 이보다 재건축 여건이 뒤지는 1기신도시 고층아파트 재건축단지들의 사업성이 어떻겠는가. 물론 뚜껑은 열어봐야 하겠지만 합리적 추정으로는 비관적인 것이 사실이다.

여유자금이 충분하지 않다. 그래도 재건축아파트에 관심이 많다면 투기과열지구에서 벗어나 있는 성남, 안양, 부천 등 도시정비사업이 시급한 이들 도시의 구도심에 있는 저층 아파트단지를 투자대상으로 삼는 것이 낫다.

1기신도시 고층아파트 재건축은 규모나 크기에 있어 압도적인 규모의 재건축단지로 사회에 미칠 파장이 엄청나기 때문에 단지마다 개별적으로 사업이 추진되기보다는 정부, 소유주, 시공사 등 각각의 이해 주체 간 상호협의 하에 사전에 개발방향에 대한 교통정리가 필요하다.

　재건축 초과이익환수제도의 부활은 앞의 문제와 비교하면 후자적인 문제다. 투자에서 수익이라는 것은 투자이익에 대한 세금, 관리비용을 다 떼고 받는 세후수익률을 의미한다. 최종수익률이 아닌 중간수익률은 의미가 없다. 그러니까 재건축 초과이익환수제도가 부활해도 비용을 공제하고 최종수익률이 높으면 투자하는 것이고, 그렇지 않으면 다른 투자 대안을 찾아 나서면 된다. 투자의 세상은 넓고 돈 되는 물건은 여전히 많다.

재건축 사업 추진순서

기본계획 수립 → 안전진단 → 정비구역 지정 → 추진위 구성 및 추진 → 조합설립 인가 → 시공사 선정 → 사업시행 인가 → 조합원 분양 → 관리처분 인가 → 이주철거 착공 → 사업 준공 → 입주 → 청산 → 조합해산

8

강남아파트가
삼성전자보다 좋은 이유

강남아파트는 노후화 문제와 함께 신규 택지개발 공급의 한계라는 제한이 있다. 따라서 잠재수요와 비교해 물량공급의 미스 매칭이 상수로 존재한다. 서울 강남구 서초구에 공급되어 있는 아파트는 30만 가구다. 이중에서 70% 이상인 22만 가구만 아파트다. 전국 주택공급량 1,700만 가구의 1.8%에 불과하다. **공급은 제한되어 있고 수요는 많은 곳이 강남아파트다.**

강남아파트 22만 가구 중에서 82%가 건축된 지 15년이 지난 노후아파트로 분류된다. 30년 이상 된 아파트는 강남아파트의 63%에 이르고 있다.

2000년대 중반 이후 지어진 아파트는 대부분이 3베이Bay 구조방식으로 2베이Bay로 지어진 노후아파트와 비교해 공간의 활용이 넓고, 채광이 잘된다. 또 신형 엘리베이터를 탑재해 안정성이 높다. 지하

공간이 넓어 주차공간을 충분히 확보하고 있다는 것도 장점이다. 노후아파트는 지상주차를 해야 해 주차난에 시달리고 배관도 녹슬고 낡았다.

강남아파트는 위치상 최상위 지역에 자리 잡고 있다. 강남의 노후아파트가 재건축 규제정책에도 불구하고 그 경제성이 계속되는 이유다. 강남의 노후아파트는 재건축 규제가 풀리느냐, 용적률 상향 조정이 이뤄지느냐 여부에 따라 경제성이 달라진다. 강남의 아파트는 대체가능한 지역이 없다는 측면에서 우리나라의 대표기업 삼성전자와 곧잘 비교되곤 한다.

대한민국 전체 아파트시장에서 강남아파트는 대체가능한 지역이 없다. 강남아파트는 시장의 변동에 가격이 매우 비탄력적으로 움직이는 우상향의 기울기를 갖고 있다. 부동산 불황기에도 가격의 하방경직성이 강하다는 측면에서 투자의 안정성이 담보된다.

강남아파트나 삼성전자 같은 핵심 우량종목은 주식, 부동산이라는 경계를 넘어서 하나의 사실을 공유하고 있다. 즉 시장의 불황기에는 가격의 하방경직성이 강하고 활황기에는 매번 전 고점을 돌파하고 신고가를 다시 쓴다는 점이다. 경제가 부진할수록 여유자금만 준비되어 있다면 핵심 우량종목에 투자하는 것이 정석이다.

강남 3구 아파트는 삼성전자다. 삼성전자가 망하면 한국경제가 무너지는 것처럼, 강남아파트가 붕괴되면 대한민국 부동산시장 전체가 흔들린다. 부침이 심한 삼성전자는 산업의 변동, 기업의 대처 능력에 따라 가치가 급락할 가능성이 크지만, 강남아파트는 경기변동과 무관하게 가격이 움직인다. 이것이 강남아파트와 삼성전자의 차이라면 차이다.

경기도 외곽 신도시의 50평대 아파트가 강남아파트 15평과 동일 가격이다. 강남아파트의 정체성을 한 마디로 정리하자면, 이곳에 살고 싶어 하는 잠재수요층은 광범위하게 존재하지만 상대적으로 물건의 공급이 제한적이라는 사실이다. 강남아파트는 재건축이 아니면 물리적으로 공급물량을 확대하기 어렵다.

부동산은 상품의 특성상 수요가 있다고 해서 물리적 시간적 한계를 뛰어넘어 무작정 생산해낼 수 없다. 따라서 많은 사람들이 선호하는 곳이라도 공급량을 변화시키기 어렵다. 즉, 특정지역으로 사람들이 몰린다고 해서 그 지역의 아파트 공급을 늘릴 수 없다는 의미다. 그러므로 부동산 상품의 정체성에 비추어 수요량과 공급량 간의 미스 매칭이 발생할 수밖에 없는 구조를 갖고 있는 핵심지역에 투자하는 것이 불황기 투자의 정석이라고 말하는 것이다.

사실 강남아파트와 삼성전자를 물리적으로 비교하는 것은 말이 되지 않는다. 단지 이 둘을 비교하는 이유는 이 둘이 각각 아파트, 주식시장에서 압도적 우위를 보이는 상품이라는 공통점 때문이다.

삼성전자는 원천기술을 이전받아 메카트로닉스라는 기계, 화학,

전자가 결합된 공장에서 대규모로 생산하고 경쟁해 기업가치를 높이는 회사다. 삼성전자의 메모리반도체는 치킨게임의 전형적인 사업모델을 갖고 있다.

반도체시장은 시장의 수요 변동에 따라 가격이 오르내리고 수요도 들쑥날쑥 한다. 삼성전자는 반도체시장에 불황이 찾아오면 치킨게임으로 유력한 경쟁기업을 시장에서 몰아내고 그 기업이 차지하고 있던 마켓을 흡수하는 방식으로 시장점유율을 늘려간다. 삼성전자는 이러한 경영전략으로 최고의 기업이 되었다.

여기에 쐐기를 박은 것이 낙수효과를 믿고 대기업에 고환율, 법인세 실질 감세 등의 혜택으로 삼성전자의 제품경쟁력에 힘을 실어줘 삼성의 글로벌기업화에 날개를 달아준 이명박 정부의 친기업적인 정책이라는 보이지 않은 도움이 절대적으로 작용했다.

실제 삼성전자는 이 같은 혜택으로 자사제품의 국제경쟁력이 경쟁기업에 비해서 30% 가격우위를 갖게 됐다. 또 반도체에만 의지하지 않고 사업의 포트폴리오를 가전, 휴대폰, 헬스케어 부분까지 확대하면서 사업의 안정성을 확보해 나갔다.

이 모든 것에도 불구하고 IT 수출기업은 갑작스런 외환시장에서의 환율 변동, 정부가 다시 실질법인세 인상으로 친기업적 대기업정책을 철폐하고 산업의 패러다임이 급격하게 바뀌면 현재의 안정적 스탠스가 흔들릴 가능성이 커진다.

하지만 강남아파트는 다르다. IMF 외환위기 같은 국가 파산으로 몰리는 극단적인 위기상황이 아니라면 아파트시장에서의 지위는 흔들림이 없다. 강남아파트만 빗대서 말하는 것은 아니다.

9

분양아파트,
사야 하나? 말아야 하나?

　　"왜 분양아파트를 사려 하는가?" 이 질문에 대한 답으로 응답자의 32.4%는 임대료 상승 부담에 따른 내 집 마련, 24.7%는 높은 투자가치에 따른 전매 시세차익 목적으로, 19.9%는 노후아파트에서 새 아파트로의 주거공간 이동, 14.5%는 넓은 평형으로 이동, 마지막으로 9.5%는 자녀교육이나 노후를 위한 지역이동 때문이었다.

　　반면 분양아파트 투자계획이 없는 이유로는 37.7%가 주택공급 과잉으로 집값 하락 우려, 24.5%는 미국 금리인상에 따른 국내 대출금리 상승 부담, 16.4%는 정부의 집단대출 규제 강화로 잔금심사 강화, 11.9%는 분양가격 조정 우려, 9.4%는 강화된 청약규제를 꼽았다.

　　위의 설문조사 결과는 분양아파트에 대한 일반인의 관점을 조사한 것으로 앞으로 분양아파트 시장을 판단하는 데 큰 도움이 된다.

응답자가 꼽은 아파트분양 최고 선호지역으로는 경기 신도시 및 수도권 택지지구 25.5%, 강동 구를 포함한 강남 4구 22.9%, 강남 4구의 재건축아파트 12.6%, 지방 5대도시 10.8%, 혁신도시 및 택지지구 9.7%, 부산 재개발 7.6%, 경기 과천 재건축 6.1% 순이었다. 전체 응답자의 70%가 서울 수도권 지역의 아파트를 선호한다는 것은 수도권 아파트 인기가 여전하다는 증거다.

분양권 전매가 금지된 상황에서 이제는 단기차익을 노리고 분양아파트에 투자해서는 경제성이 없다. 헌법보다 빠르게 생겨나는 편법이라는 시장의 법이 이번에도 재주를 부릴지도 모른다. 그러나 이렇게까지 해서 돈을 벌어야 하는지. 개인의 생각이 다 다르니 뭐라 할 수는 없는 문제다. 하지만 최고위층에 있는 사람들마저 위장전입, 다운계약서 작성을 밥 먹듯이 하는 나라에서 누가 누굴 욕하겠는가.

분양시장은 앞으로 양분화되는 속도가 더 빠르게 진행될 것이다. 분양아파트 시장도 이제 정말 실수요자 중심의 시장으로 재편되어야 한다. 어느 분양 현장에서나 청약통장 불법거래가 난무하고 분양권 전매로 돈을 버는 시대는 이제 끝나야 한다.

옛날 그리스의 어느 마을에 불이 났다. 마을 사람들은 불이 났음에도 자신의 일이 아닌 것처럼 행동했다. 그런데 새 중에서 가장 작은 새인 벌새만 자신의 작은 주둥이로 물을 머금고 불을 끄고 있었다. 사람들이 그 벌새에게 말했다. "바보야, 네가 아무리 애를 써도 불은 꺼지지 않아. 벌새가 그들에게 말했다. 그래도 이것이 내가 할 수 있는 최선이야."

우리가 사는 세상의 정의는 국가가 만들어주는 것이 아니다. 세상의 변화는 일상생활에서의 아주 작고 보잘 것 없는 작은 정의가 모여 일어난다. 우리가 탐욕을 좇아 사는 동안 우리의 다음 세대는 앞 세대가 싸놓은 '똥'을 치우며 살아야 한다. "다른 사람도 다 하는 일인데 왜 나만 갖고 그래." 이런 말은 양심이란 게 전혀 없는 일부 전직 대통령들이나 하는 얘기다.

장기적 관점에서 미래가치를 바라본 투자는 투자지역을 잘 골라야만 한다. 지난 10년 동안 수도권에서 대규모 단지로 건설된 일산의 풍산 덕이 식사, 용인의 동백, 파주 운정, 인천 송도 청라 지구 등 분양아파트 투자가 개인의 무덤이 되는 과정을 너무 많이 봐왔다.

언론에 나오는 과장광고만 믿고 투자해서는 성공은 요원하다. 개발호재가 현실화되는 분양아파트를 찾는 것이 쉬운 일이 아니다. 향후 교통인프라의 개발로 서울 진입이 용이해지는 곳, 인구 유입, 산업시설의 개발이 확실시 되는 곳, 개발지역이 강남 중심권과 근접한 곳 등 미래의 가치가 현실화 되는 지역의 분양아파트는 사실상 공급 물량이 제한되어 있다.

아파트는 사는 곳이지 사는 것이 아니다. 이 생각에 만족한다면 최근에 건설된 수도권의 택지지구 중에서 살기 좋은 곳은 많다. 아파트를 사는 곳이 아니라 사는 것이라는 투자의 대상으로 삼으면 온통 아파트 생각만으로 머리가 복잡해져 일상생활이 힘들 정도가 된다. 그럼에도 우리는 여전히 아파트는 사는 것이라는 관점에서 접근한다. 좋다 나쁘다의 문제는 아니다. 엄연한 현실의 문제다. 그래서 분양가가 높아도 서울로 강남으로 몰리는 것이다.

아파트는 사고 나서 싫다고 바로 물릴 수도 없다. 한 번 사면 싫든 좋든 오랜 기간을 살아야 한다. 우리나라 아파트는 공장에서 대량으로 물건 찍듯이 지어져 동시간대에 지어진 아파트는 구조가 거의 비슷하다. 나 홀로 단지가 아니면 요즘 나오는 대단지 아파트들은 녹지공간이나 생활편의시설도 잘 조성되어 있다. 그럼에도 그 아파트의 위치에 따라서 미래가치에 큰 차이가 발생한다. 이것이 우리나라 아파트시장의 본 모습이다.

10

금리인상은 설로 끝날 것인가,
위기를 불러올 것인가?

금리인상은 설, 설, 설에서 구체화되고 있다. 저금리로 버블화된 시장에서 금리가 오른다면 버블화된 자산의 가격은 급락한다. 2016년 말 기준으로 우리나라의 가계부채는 1,344조 2,793억원이다. 앞으로 가계부채는 계속 늘어나 2017년 말에는 약 1,400조원이 될 것으로 예상된다. 상황이 이렇다 보니 정부나 은행이나 가계대출 규제로 대출운용이 선회하고 있다.

미국이 서서히 금리를 올리고 있고 한국은행도 기준금리 인상을 가시화하고 있다. 금리가 급격하게 오르지는 않겠지만 이제 당신의 포트폴리오에서 금리가 주요 변수가 되고 있다는 사실을 받아 들여야 하는 시점이 왔다.

은행은 이미 대출상환 능력을 꼼꼼하게 심사해서 가계부채 통제에 나서고 있다. 최근까지 은행의 대출심사 기준으로 쓰이던 총부채상환비율DTI을 총부채상환능력비율인 DSRdebt service ratio로 바꾸고 있다. DSR은 '갚아야 할 돈'을 '연간소득'으로 나눈 비율이라는 점에서는 DTI와 같지만 '갚아야 할 돈'을 계산하는 방식에서 DTI보다 대출자에게 매우 까다롭게 적용시킨다는 점에서 차이가 있다.

즉 DTI는 받으려는 대출의 연간 원리금 상환액에 다른 대출의 이자와 상환액을 더한 뒤 이를 소득으로 나눈다. '다른 대출'의 원리금을 분할 상환하고 있는지 대출만기가 돌아와 몇 개월 후에 거액의 원금을 상환해야 하는지 여부 등은 DTI에서는 고려대상이 아니었다.

그러나 DSR을 적용하면 '다른 대출'에 대해서도 실제로 대출자가 한 해 동안 얼마나 갚아야 하는지를 기준으로 상환능력을 산정한다. 예전에 받은 주택담보대출을 이자만 받는 것이 아니라 원금까지 나누어 갚고 있거나 마이너스대출 등 신용대출 만기가 곧 돌아올 예정이라면 DSR은 DTI에 비해 훨씬 높을 수 있다.

DTI 대신 DSR로 대출심사를 하면 원금, 이자 외 마이너스대출 등 실제로 갚아야 할 돈 모두를 계산에 포함시킨다. 아직까지는 DSR을 어느 수준에서 정할지 구체적인 수치는 나오지 않고 있다. 현재 주택담보대출 심사 때 적용되는 DTI는 60%(조정대상지역에서 실수요자에 해당. 투기과열지구에서 기존에 대출이 있는 사람은 40%)로 DSR이 어느 선에서 결정될지에 따라 시장에 미치는 영향은 큰 차이가 날 수 있다. 현재 시장에서 거론되는 수치로는 80%, 150%, 300% 등으로 간극이 크다. 규제하는 DSR비율이 낮을수록 대출받기 어렵다.

하지만 여기서 분명한 사실은, 빚을 건너뛰는 투자를 해야만 당신의 자산을 안전하게 지키고 확장시키는 기회를 가질 수 있다는 점이다. 많은 사람들이 투자 세계에서 엄연히 존재하는 '기다림의 미학'을 간과한다. 투자는 시간을 지배하는 사람이 결국 이기는 게임이다. 빚내서 투자해 단기차익을 노리는 사람들에게는 지는 게임일 뿐이다.

아주 얕은 지식을 이용해 마치 자신이 시장을 다 아는 것처럼 위장해 투자컨설팅을 하는 사람들 중에 실제 통장잔고를 공개하는 모습을 본 적이 없다. 검증받지 않은 일방적인 자기주장이다.

지금 우리가 사는 세상은 인간의 지능으로는 감히 따라가기 벅찰 만큼 변화의 속도가 빠르다. 부단히 노력해도 변화의 본모습을 모두 간파하기가 어렵다. 이런 상황에서 위험을 감수하고 과도하게 빚내서 투자할 수 있겠는가? 특히 변화가 진행 중인 시장에서는 빚을 내서 투자하는 행위는 삼가야 한다. 어느 순간에도 올바른 투자는 안전한 투자다. 그렇다고 보수적으로 투자하라는 말은 아니다. 단, 이렇게 투자해야 성공의 확률이 높아진다는 점은 분명하다.

우리나라의 기준금리는 한국은행의 금융통화위원회에서 결정한다. 기준금리는 한국은행이 시중은행으로부터 예치 받은 RP(환매조건부채권) 7일물을 기준으로 금리가 결정되기 때문에 한국은행이 기준금리를 변동시키면 즉각적으로 은행의 모든 여신 수신 상품의 금리가 영향을 받는다.

따라서 한국은행이 기준금리를 올리면 은행은 바로 예금금리를 올리고 은행은 수신과 여신의 적정 예대차를 고려해서 모든 대출상품의 금리를 올린다. 은행의 대출금리는 항상 예금금리 인상폭 이상으로 대출금리를 올려왔다.

즉, 한국은행이 기준금리를 1% 올리면 은행의 예금금리는 이보다 낮은 1% 이내에서 올리고 대출금리는 기준금리 인상 1%보다 더 높게 올린다. 이런 구조 하에서 한국은행이 기준금리를 2% 이상 올리면 은행의 대출금리는 2% 이상 올라가기 때문에 부채금액이 높은 개인들은 채무상환에 부담을 가질 수밖에 없다.

결국 문제는 정부가 어느 선까지 금리를 올리고, 이것이 개인의 대출금리에는 어느 정도 영향을 미칠 것인가 하는 부분이다. 언론, 경제전문가, 투자시장 종사자 등 이해 주체들은 금리인상설에 동조하고 있는 국면이다. 개인적으로 금리가 오르지 않을 가능성도 있다고 생각하고 있다. 만약 오른다 해도 인상폭은 미미한 수준에 그칠 것이다. 내수경기 진작, 가계부채 문제가 매우 심각하기 때문에 정부가 무리수를 두면서까지 금리를 급하게 올리지는 못할 것이라는 생각이다.

문재인정부의 경제 미션은 '경제 살리기'에 있다. 그래서 집권하자마자 추경예산의 국회통과에 올인하는 모습을 보였다. 아마 대통령의 머릿속은 어떻게 하면 경제성장률을 1%라도 더 올릴 것인가 하는 문제로 가득 차 있을 것이다. 대통령의 생각이 이런데 정부가 한국경제에 무거운 짐이 되고 있는 가계부채 문제를 그대로 두고 과격하게 금리인상에 나서기는 어렵다.

이는 경제문제 이상의 부담으로 정부의 정치적 입지까지 곤란하게 할 것이다. 기준금리를 결정하는 금융통화위원회 멤버는 정부 관련 부처에서 일하는 사람들이다. 이런 그들이 청와대의 생각을 무시하고 순전히 경제적인 논리만으로 기준금리 인상을 쉽게 결정하지는 못한다.

나는 이 책에서 금리와 관련해 여러 차례에 걸쳐 내 의견을 밝혔다. 그런데도 금리인상에 대한 걱정들을 하는 사람들이 많을 것이다. 그래서 금리인상에 대한 내 생각을 다시 한 번 확실히 해두는 차원에서 정리하고자 한다.

"책의 앞부분에서 말한 것처럼 금리가 오른다고 해도 그 인상폭은 예상보다 낮을 것이다. 세계 주요 국가들은 여전히 양적완화, 마이너스 금리정책을 실시중이고 정부는 금리인상이 가져올 경제적 문제를 우려해 급격한 금리인상을 단행하지 못한다. 문제는 금리인상이 아니다. 이미 과도한 빚으로 한계가구로 내몰리고 있는 개인은 기준금리가 1~2%만 올라도 대출금리 인상은 이보다 높게 책정되는 구조이기 때문에 파산의 위기에 바로 직면할 수 있다. 금리인상을 두고 개인마다 처해 있는 상황과 그 대응 방법이 각기 다를 수밖에 없다. 자산에 비해 지출되는 금융비용이 과도한 한계가구는 금리인상 여부와 상관없이 부채문제를 해결하는 것이 우선시 되어야 한다. 반면 자산에 비해 빚의 규모가 적은 사람들은 1~2% 정도의 금리인상으로 변할 것은 거의 없다. 금리인상이 단행되면 국가 경제적으로 외화자금의 유인효과가 커지는 반면에 원화 강세로 수출기업들은 어려움을 겪을 수도 있다. 그러나 국가경제가 받는 영향은 크지 않을 것이다."

3부

수익성부동산,
끝날 때까지
끝난 것이 아니다

1

증가하는 독신가구와
커지는 임대주택 시장, 눈여겨 보라

우리나라에서는 신생아의 울음소리만큼 국가적 축복이 없다고 할 정도로, 출생률 저하로 발생한 인구감소 현상이 국가의 성장동력을 해치고 있다.

전체 인구는 감소하는 반면 독신가구 수는 계속 증가하고 있다. 대한민국에서 국토면적에 비해 가장 많은 청년들이 거주하고 있는 서울시의 1,2인가구는 전체 가구의 절반(48.6%)을 차지한다. 홀로 사는 독신가구는 매년 급증해 전체 가구의 24.6%에 이른다.

30대의 월세 비율은 2005년 19.4%에서 41.5%로 크게 증가했다. 30대 가구주의 89%가 전월세 주택에 살고 있으며, 50대 이상의 자가주거보유율은 61%다. 2015년 기준 전월세 주거유형은 58.9%로 자가비율보다 높았다.

2017년 4월 국토연구원이 조사한 주거실태조사에 의하면 우리나라의 1인 주거 비중은 2006년의 14.45%와 비교해 27.25%까지 증가한 상태다.

임차가구 중 전월세 가구비율(단위: %)

해당년도	2012년	2014년	2016년
전세	49.5	45	39.5
월세	50.5	55	60.5

(자료_ 국토연구원)

매월 임대료를 내야 하는 월세는 보증금을 전세 기간 동안 맡겨두는 전세보다 주거비용이 높다. 2012년~2016년 동안 임차가구 중 월세 비중은 50%에서 60.5%로 단기간에 급속히 증가하고 있다. 이는 저금리로 인해 임대주들이 월세를 선호하기 때문이다.

1인당 평균 주거면적은 33.2㎡에서 32.5㎡로 감소했다. 국토교통부가 이 조사를 실시한 이후 꾸준히 증가했으나 최근 처음으로 줄었다. 주거비 부담이 늘면서 작은 집으로 옮기는 1인가구가 늘면서 중소형주택이 인기를 끌고 있다. **이를 종합해 보면 대한민국 주택시장은 1인가구가 증가하고 있으며, 저금리로 인해 임대시장이 월세 위주로 재편되고 있다는 사실이다.**

임대 득 대비 감내할 수 있는 월 임대료 수준으로 30만원 이하를, 월 30만~50만원 이하라고 답한 응답자는 34.7%였다.

서울 시내에서 월세 30~50만원의 임대주택은 반지하나 옥탑방 등 주거환경이 아주 열악한 곳이 대부분이고, 이보다 조금이라도 나은 곳에 살려면 최소한 월세로 60만원 이상을 지불해야 한다.

독신가구, 월세 수요의 증가, 월세 가격의 인상 등은 생명줄 같은 노후자금으로 생활해야 하는 은퇴자나 노년층에게는 그나마 기댈 언덕이 생긴 셈이다. 그러나 그들에게 월세를 내고 사는 청년 독신가구의 입장에서는 주거공간은 열악해지는 반면 월세는 오르는 이중고를 겪어야 한다. 정부가 청년 독신가구를 대상으로 공공임대주택을 늘리겠다고는 하지만 이는 일부에게만 혜택이 돌아갈 것이 뻔하다. 물론 하지 않는 것보다는 낫겠지만 말이다.

노동하지 않고 얻는 불로소득은 죄악이라고 말한다. 하지만 국가가 노후복지를 책임지지 않는 우리나라에서, 그들이 노력으로 얻은 성취물인 임대주택을 세놓아 번 돈으로 노후를 보내는 것을 두고 비난하는 일은 개인적으로 불편하게 보인다. **그러나 분명한 사실은 정부가 이를 방기하는 동안 서울 구도심 전체에서 다가구 원룸, 주거용 오피스텔에 거주하며 비싼 월세를 내는 청년 독신가구가 너무 많이 증가했다는 사실이다.**

나는 취미생활이 없는 사람이다. 그나마 흥미를 갖고 하는 일이 과거에 너무 바빠서 주마간산으로 지나쳤던 서울의 구석구석을 걸어서 돌아다니는 일이다. 걸어 다니면서 느끼는 놀라운 사실은 서울 강남이나 강북권 구도심 역세권은 어느 곳을 가나 청년들로 북적거린다는 점이다. 출생률 감소로 청년인구가 준다고 걱정이 많은 시대에 전국의 청년들을 다 이곳에 모아 놓은 것 같다. 우리 세대에는 서울에서 청년들이 모이는 곳은 종로 관철동, 혜화동 대학로, 신촌 일대가 거의 전부였다.

과연 이들은 어디서부터 험난한 서울살이를 자청해서 온 것일까. 상급학교에 진학하기 위해서, 일자리를 찾아서 서울로 유입된 것이다. 그들이 원한 것이 아니다.

중세시대 도제식으로 지식이 전달되는 시대에나 효용성이 있던 대학이, 우리나라에서는 계급화 되면서 학벌의 사다리에 올라타기 위해 지방 학생들이 서울로 학교를 진학한다. 서울 소재 대학들은 기숙사 시설이 매우 미약하다. 그렇다면 이들은 다들 어디서 살까. 이 의문의 답을 너무 쉽게 찾았다. 실평수 2평에서 5평도 안 되는 다가구 원룸, 고시원이 이들의 주요 주거공간이다.

시장의 공급이라는 것은 수요가 있으면 발생한다. 정부가 내놓은 통계수치가 허수는 아니다. 임대주택 투자는 연금이 연금의 몫을 못하는 시대에 연금을 월세로 대신하는 세대들의 이해가 맞물려 이미 시장의 대세로 자리 잡고 있다.

변동성이 큰 부동산시장에서 그나마 미래의 가격동향 예측이 가능한 부동산은 독신가구의 급증, 저금리로 투자처를 못 찾는 노년층의 니즈에도 부합하는 임대주택이다.

임대주택의 수익성은 서울 외곽의 변두리로 나갈수록, 매매가가 쌀수록 높아진다. 수도권 외곽의 시흥시 정왕동, 안산시 고잔동, 수원시 인계동, 인천시 구월동 연수지구, 천안시 신부동 두정동 안서동 등에 있는 소형오피스텔은 빚을 안고 사지 않아도 수천만 원으로 투자할 수 있는 물건이 많다. 수익성부동산 투자 치고는 투자의 진입장벽이 낮고 투자금 대비 월세 수익은 강남의 럭셔리 오피스텔 평균 수익률의 2배 이상이다. 레버리지를 이용해 두 채를 매입해 운영한다면 같은 종자돈으로 투자해 수익률은 따따블이 된다. 다만 당부하고 싶은 것은 다수의 임대주택을 매입해 월세를 많이 받기를 원한다면 임대주택 사업자로 등록을 하고 떳떳하게 세금, 건보료 등 낼 것은 내고 하자는 것이다. 그래야 정당하다.

2

왜 수익성부동산에
투자해야 하는가?

장기간의 금리하락세로 연금저축의 수익률이 급전직하했지만 상대적으로 수익성부동산, 상가, 오피스, 임대주택의 수익률은 상대적으로 상승했다. 오피스텔 수익률은 과잉공급에 대한 우려감이 있음에도 전국적으로 5.78%의 평균 수익률을 내고 있다. 임대용 오피스텔의 투자요령을 알고 투자하는 사람은 10% 이상의 수익률도 가능하다. 여기에 레버리지까지 이용한다면 수익률은 더 높아진다. 이러니 자영업자 중에서 부동산임대업을 하는 사람이 가장 많은 것이다. 시장에서 돈 냄새를 가장 빨리 맡는 사람들은 언제나 시장 장사꾼들이다.

수익성부동산의 평균수익률만 놓고 보면 절대적으로 수익률이 높지는 않지만 실질금리 마이너스 상태인 예금보다는 상대적으로 매우 높은 것이 분명하다. 또 사업능력이 탁월한 사람과 그렇지 못한 사람 간의 차이를 인정하면 능력자들은 시장 평균을 훨씬 앞지르는 수익률을 내고 있다.

특히 오피스텔은 매매가가 상대적으로 저렴한 경기 시흥(7.26%), 화성(6.57%), 충남(7.522%), 충북(7.51%), 광주광역시(7.41%)의 수익률이 높다는 점을 주목해서 봐야 한다.

앞으로 임대주택에 투자하기 원하는 사람은 아래의 조사결과를 기억해 두기 바란다. 임대주택 거주 및 탈 서울 의향을 묻는 설문조사 결과(2016년, 머니투데이 KB국민은행공동조사)를 보면 전체 응답자 2,122명이 서울을 제외한 수도권 거주 희망지역으로 꼽는 곳은 아래와 같았다.

분당	20.1%(424명)	김포한강	6.2%(132명)
일산파주	15.6%(330명)	부천중동	5.5%(117명)
위례. 하남	13.8(293명)	평촌 산본	5.2%(110명)
판교	12.4%(270명)	광교	4.6% (98명)
기타	6.25%(132명)	화성 동탄	3.9%(83명)

이처럼 주거용오피스텔은 수도권지역 중에서 1기신도시에 해당하는 분당, 일산 신도시가 유독 강세다. 그 이유를 생각하면 분당, 일산 신도시는 도시가 건설된 지 거의 30년에 이르러 도시 인프라가 성숙되어 있고 새로운 교통망의 확장으로 사통팔달의 교통편의성을 갖추고 있기 때문이다. 그래서 분당과 일산신도시는 수도권에서 청

년 독신가구들이 최고로 꼽는 선호지역으로 부상한 것이다. 이곳은 도시 인프라와 생활편의성도 잘 구비되어 있는 반면 매매가나 월세는 서울의 마포 신촌 일대 대학가보다 낮은 것도 장점이다.

수익성부동산이라는 투자상품은 카테고리가 매우 넓다. 대표적인 수익성부동산인 상가 오피스의 경우 아무리 레버리지 효과를 노리고 투자한다 해도 자기 여유자금이 적어도 투자건물의 80% 이상 있어야 한다. 시드머니 없이는 투자가 쉽지 않다. 신도시 상가의 평당 분양가는 3,000만원이 넘는다. 10평 내외의 상가에 투자한다고 해도 3억원 이상의 자금이 있어야 한다.

반면 임대주택의 경우는 다르다. 소유주 1인이 전체 건물을 단독으로 소유하고 단독주택으로 분류되는 다가구주택, 다중주택은 투자금이 많이 필요한 것이 맞지만, 저가의 주거용오피스텔은 수천만원의 종자돈만 있으면 투자가 가능하다.

개인의 은행 신용등급이 우수해 저금리로 대출이 가능한 사람은 투자물건의 50% 미만의 종자돈만으로도 투자가 가능하다. 대출금리가 5% 미만이면 소위 말하는 빚내서 투자해 수익률을 키우는 레버리지 효과도 발생한다. 월세 수익률이 대출이자보다 높기 때문이다.

전체적으로 수익성부동산의 투자 정체성은 투자금이 낮을수록 수익률은 반비례한다. 수익성부동산 투자는 임대소득을 노리고 투자하는 것으로 아파트투자와 다르다. 시세차익이 주목적인 아파트는 핵심권역으로 갈수록 가치가 높아지지만, 월세를 노리고 투자하는 수익성부동산은 투자금이 낮을수록 투자금 대비 임대소득이 높아지는 구조다.

　수익성부동산은 돈 많은 사람들만의 전유물이 아니다. 은행 신용등급이 양호한 사람은 자신의 여유자금 없이도 투자가 가능하다. 따라서 수익성부동산이라고 해서 무조건 투자 진입장벽이 높다고 스스로 규정짓지 말기 바란다.

3

수익성부동산 투자,
성공의 조건

인구절벽, 내수절벽으로 표현되는 경기침체는 이미 상수가 됐다는 데 의심의 여지가 없다. 그런데 수익성부동산의 인기는 여전하다. 특히 내수경기에 직접적으로 영향을 받는 상가의 경우에도 지역적인 편차는 있지만 주요 도시의 집합상가는 평균수익률이 5%를 넘는다. 임대주택의 경우에는 지역적 편차가 크기는 하지만 평균 수익률이 6%에서 10%에 이른다.

수익성부동산 중에서 임대주택은 독신가구의 급증으로 인구절벽 현상에도 불구하고 수요가 늘고 있기 때문에 앞으로도 안정적인 수익이 보장될 테지만, 상가는 다르다. 상가는 인구절벽 현상이 투자에 매우 부정적인 영향을 미친다. 그런데도 현재 상가투자 수익률이 그나마 안정적으로 유지되는 이유는 조기퇴직자들의 창업행렬이 내수시장의 불황에도 불구하고 끊이지 않기 때문이다. 내수경기의 침체에 대한 불이익이 임대주가 아니라 창업에 나선 임차인의 몫이 되는 이 불편한 진실이 현실이다.

아무튼 성공적인 수익성부동산 투자를 위해 무엇을 어떻게 할 것인가. 대략 아래의 내용이 답을 대신할 것이다.

①표면 수익률이 아닌 실제 수익률로 따지라

취득에 따른 세금, 대출이자, 입주자 관리비용, 풀옵션 투자비용 등 실제 들어가는 모든 비용을 집어넣어 실질수익률을 계산한다.

②소형 원룸주택은 투자금이 낮을수록 수익률이 높아진다

임대주택의 수익률은 아파트와 반대로 움직인다. 그러니까 매매가가 높은 핵심권역에서 멀어질수록 수익률이 높다

③자금이 허락한다면 소형아파트를 임대주택으로 활용한다

소형아파트는 임대수익에 시세차익까지 얻을 수 있는 투자상품이다.

④풀옵션은 미래를 위한 투자로 생각하고 초기에 투자를 아끼지 말라

독신가구의 특징 중 하나가 현대판 노마드(유목민)라는 것이다. 그들은 언제고 떠날 수 있게 모든 생활시설이 풀옵션으로 제공되는 임대주택을 절대적으로 선호한다.

⑤상가는 잘못 투자하면 상갓집이 된다

상가는 지역에 따라서, 소비 트렌드, 유동인구의 변화에 따라 미래가치의 변동 폭이 매우 큰 상품이다. 또 신도시 상가 대부분은 많은 투자금을 필요로 한다. 그런데 유입인구가 줄어 상가임대는 안되고 매매마저 여의치 않게 되면 신도시 상가투자는 언제든 상갓집으로 변할 수 있다.

⑥개발호재로 인구유입이 예상되는 지역

개발호재가 있고 인구유입이 되는 곳은 대표적으로 신도시 개발지역이다. 그러나 지역에 따라 매우 큰 차이가 있고, 너무 빠른 시기에 투자하면 초기 인구유입이 적어 상가운용이 어렵다. 신도시 상가는 아파트 거주주민이 성인으로 구성된 대형 아파트단지보다 어린아이를 키우는 가정이 많은 소형 아파트단지를 노리는 것이 좋다. 어린아이들을 키우는 가정이 많다는 것은 상가 내의 헬스 관련, 잡화, 식품, 먹거리 가게 이용이 빈번하게 이뤄져 상가가 활성화되기 쉽다는 의미다.

⑦먹거리, 유흥 등의 놀이문화 밀집지역

사람들을 유인할 수 있는 유흥 등의 놀이시설 밀집지역의 상권은 가치가 상승한다.

⑧업종과 궁합이 맞는 지역을 고르라

지역마다 다른 색깔의 수요층이 존재한다.

⑨그들이 말하는 수익률의 허수를 믿지 말라

시행사가 보장하는 투자수익률이 실제 가능한지 반드시 살펴봐야 한다. 상가 분양가가 높은 위례신도시를 예외로 해도 하남미사, 강변신도시, 동탄 2기 신도시의 3.3㎡당 분양가는 3,000만원을 훌쩍 넘는다. 이 정도 분양가 수준의 66㎡ 상가에 투자해 수익률 7% 이상을 거두려면 임대료로 월 400만원 이상을 받아야 한다. 그러나 신도시 상가 조성 초기에는 유동인구가 적어 프랜차이즈 가맹점도 그 수준의 월세를 지급하기가 쉽지 않다.

4

신도시 상가투자,
무엇이 왜 문제인가?

새로 개발되는 신도시 상가투자
는 다른 수익성부동산과 비교해 투자위험이 커지고
있다. 수익성부동산은 시세차익보다는 월세를 목적으로 한다. 전
체적으로 부동산시장이 위축되어 있는 상태에서 가장 타격을 받는
부동산이 새로 조성된 신도시 상가다. 신도시 상가는 아직 입
주가 끝나지 않은 상태에서 분양되기 때문에 유동인
구가 아직 형성되지 않았고 임대인을 구하기가 어렵
다. 이는 새로 조성된 신도시 상가에서 공통적으로 나
타나는 현상이다.

이렇다 보니 상가를 분양해야 생존할 수 있는 시행사의 편법 분양
은 도를 넘고 있다. 편법 분양의 대표적 사례가 렌트프리다.

신도시 상가는 미흡한 상권에 비해 분양가는 상당

히 높게 책정되어 있다. 높은 분양가로 상가분양이 어려워지면 분양가를 현실화해서 해결하는 방법을 찾아야 한다. 그런데 시행사는 편법으로 이 문제를 해결하려 한다. 이런 방법으로 분양이 이뤄지면 그 피해는 전부 투자자에게 돌아간다.

최근 개발된 신도시 중에서 노른자위에 해당하는 위례신도시도 상가분양에 애를 먹고 있다. 위례신도시에 공급되는 총 계획 가구 수는 약 4만 가구다. 2017년 6월까지 2만여 가구가 입주했다. 아직 입주가 반 정도만 이루어진 상태지만 일반상가의 50%, 근린상가의 70%가 미분양 상태다(2017년 5월). 위례신도시 중심 상가에서 전용면적 33㎡ 상가의 임대조건은 보증금 5,000만원~1억원에 월세가 330만원~400만원 수준이다. 이는 신도시 초기의 빈약한 소비력에 비해 높은 임대료다. **상가의 형성 정도가 미약한 상권에서 이 정도의 임대료를 감당할 업종은 병원, 약국 등 헬스케어 업종으로 제한된다.**

위례신도시의 상가용지 비율은 1.95%로 다른 2기신도시인 판교의 3%, 동탄의 4%에 비해 낮다. 반면 인구밀도는 15.6%로 판교의 9.5%, 동탄의 6.9%보다 높아 상가가 들어서기에 최적의 입지라는 평가를 받아 왔다. 그런데도 상가분양이 부진하다면 경제적 가치보다 높게 책정된 분양가에 문제가 있는 것이다. 위례신도시의 3.3㎡당 상가 분양가가 4,000만원~5000만원임을 감안하면 분양가가 적정한지부터 의심해야 한다. 사실 이 정도의 매매가라면 일부 자산가

빼고는 투자하기 어렵다.

신도시 상가라도 잠재가치가 높은 곳은 버티면 오른다, 한때 상가의 무덤이라고 했던 은평 신도시의 현재를 보라. 하지만 이 사례가 모든 지역에 적용되는 것은 아니다. 그리고 그때와 지금은 시장의 판도가 확연하게 다르다.

높은 임대료를 자영업자 입장에서 생각해 보라. 베드타운의 10평 내외 매장에서 월세 300만원~400만원에 각종 고정비, 인건비를 주고 장사를 해서 수익을 낼 수 있는 업종이 동네상권에서는 거의 전멸한 상태다.

내수절벽이라는데도 50대 이후 창업자들의 행렬이 오히려 늘고 있다는 사실은 불행한 일이다. 이들 중 65%는 5년 이내에 장사를 접고 빚더미에 올라선다. 그런데도 지금도 그들은 위례신도시, 하남 미사지구, 동탄 1,2기 신도시, 남양주 별내 등의 신도시 택지개발지구를 하이에나처럼 먹이를 찾아 어슬렁거린다. 그러나 그 어디에도 그들에게 먹이를 줄 곳은 없다. 우울한 우리사회의 슬픈 자화상이다.

신도시 개발 초기에 상가에 투자하려면 동원 가능한 자금이 충분해야 장기적 관점에서 수익을 볼 수 있다. 신도시에서 분양되는 상가를 중심으로 선임대 상가가 이목을 끌고 있다. 선임대 상가는 시행사가 임차인 유치를 위해 일정 기간 임대료를 받지 않는 것으로 임대인 입장에서는 상가 초기에 안정된

임대인을 확보하고 시행사로부터 예금이자의 몇 배가 되는 임대료를 받을 수 있어 구미가 당기는 조건이다. 선임대로 상가를 분양하는 형태를 렌트프리라고 부르기도 한다.

선임대 상가는 일정기간(1년~2년) 동안 공실 발생의 우려가 없다는 점에서 투자안정성이 높다. 이점 때문에 비싼 분양가에도 불구하고 투자자의 발길이 몰린다. 렌트프리 기간 동안에는 임대인(상가 매입자)에게 임대료를 임차인 대신해서 보장해 주기도 한다. 임차인은 상대적으로 저렴한 월세를 내고 임차할 수 있어 좋고 임대인의 입장에서는 초기 임차인을 확보할 수 있어 상호 이득이다.

하지만 렌트프리 기간이 1년 이상 길어지면 문제가 복잡해지기 시작한다. 임차인이 5년 이상의 장기계약을 맺었어도 1~2년 안에 폐업하고 나가는 사례가 빈번하게 발생한다. 시행사가 보증하는 기간이 지난 후 임대료 인하를 요구하는 사례도 많다. 렌트프리가 많은 광교신도시, 위례신도시, 김포한강신도시, 인천 청라국제도시, 동탄 2기신도시 등 수도권 신도시에서 최근 2~3년 사이에 신규 분양된 상가 중에서 초기 임차인이 1년 이내에 교체된 사례가 전체의 30%가 넘는다. 이 경우 임대인은 공실을 없애기 위해 보증금 없이 월세를 내는 소위 깔세 방식으로 임대를 놓는 사례까지 있다.

가장 임차인을 동원한 편법분양도 주의해야 한다. 분양대행사가 선임대를 앞세워 분양계약을 맺지만 입점이 임박할 시점에 가서는 임차인이 입점할 수 없다고 일방적으로 임대차계약을 파기하는 경우까지 발생한다. 분양대행사는 임대차계약 유지까지는 의무사항이 아니기 때문에 책임이 없다고 발을 뺀다.

결국 렌트프리 방식의 상가분양은 시행사 입장에서 2년간 수천만 원의 임대료를 대신 내주더라도 분양할 때 몇억원을 올려 받으면 오히려 이익이 된다. 그들이 일방적으로 말하는 투자수익률과 임차인 확보에 현혹되어 투자를 결정하면 후회할 수 있다. 이 정도까지 가면 사기분양이라고 할 수 있다.

시행사에서 대신 내주는 임차료 1년분은 분양금액에 포함되어 있다. 세상에 공짜는 없다. 부동산으로 사기 치는 방법은 많다. 온라인 구매가 대세인 시대에 우리는 살고 있다. 음식점도 너무 많고 국민은 쓸 돈이 없고 임대료, 관리비는 상상을 초월한다. 따라서 상가 개업은 극빈층으로 가는 황천길이 될 수 있다.

선임대 상가의 또 다른 문제점은 분양가를 높이기 위해 임대료를 높게 책정한다는 점이다. 대부분 계약기간이 만료되면 재계약을 안 하고 나가는 경우가 많다. '상가 먹튀'라는 말까지 있다. 처음 임차인을 구할 때는 자신들이 1년간 관리비와 월세를 대신 내준다고 하고 상가 팔고 도망가는 수법이다. 상가분양 시장에서 렌트프리라는 고질적인 문제가 노출된 것은 10년도 넘었다.

시행사 입장에서 상가분양 후 상권이 활성화 되는 문제는 관심 밖의 문제다. 온갖 감언이설로 투자자들에게 상가를 안긴 후 도망가면 그만이다. 10년 전에 개발된 신도시 중에는 아직도 상권이 활성화되지 않은 곳이 많다. 상가투자의 수익률은 공실 없는 임대회전율에 있다. 임대회전율이 떨어지면 임대가가 높아도 수익률이 바닥을 친다. 그래서 상가투자는 매우 신중해야 한다.

선임대 상가투자 시 주의점

*임대차 계약은 임차인과 직접 할 것

*계약금 비중은 10% 이상으로 높일 것

*분양가 임대료는 반드시 주변시세를 확인할 것

*상가 주변 단지의 공급물량, 향후 예상되는 인구유입을 확인할 것

주요 도시별 상업용 부동산 연간 임대수익률(단위 %)

지역	중대형 상가	소형 상가	집합상가
서울	4.16	3.45	5.34
부산	5.02	3.87	5.08
대구	4.88	3.44	4.71
인천	5.97	4.04	5.89
광주	5.56	5.29	5.41
대전	3.9	3.21	4.28
울산	4.99	3.39	6.06

* 2016년 기준. 임대수익률 = 임대료 + 관리비 수입 − 세금 등 운영 경비 / 부동산 가격

5

서울지하철 2호선(싱글벨트),
지금도 늦지 않았다

　　　　　　　지하철 2호선 주변은 서울을 넘
어서 전국적으로 청년 유동인구가 가장 많고 이들을
대상으로 한 임대주택, 상권이 매우 발달되어 있는 곳
이다. 서울지하철 2호선 신림동 일대는 독신가구 비중이 77%다.
건대입구역 주변의 화양동, 서대문구 신촌동 역시 1인가구 비중이
70% 이상이 넘는다. 서울에 거주하는 1인가구 대부분은 학교, 직장
이 인접한 도심에 살기를 원한다. 혼자 거주할 수 있는 원룸주택이
많기 때문이다.

　타원형 벨트 모양으로 연결된 2호선 축을 싱글벨트
라고 부른다. 새내기 직장인과 대학생 등 싱글족이 많
이 거주하기 때문이다. 2호선은 싱글벨트의 거점지역
인 신림, 잠실, 당산, 구로디지털단지 등의 주요 업무

지구와 산업단지를 통과하고 신촌, 홍대입구, 왕십리, 서울대입구, 건대입구역 등 대학가도 관통한다.

신림동은 1만 4499세대 중 1인가구 비중이 77%로 1만 1,210세대가 1인가구다. 신림동 4가구 중 3가구가 1인가구다. 건대입구역이 있는 화양동은 1만 4420세대 중에서 1인가구가 1만 544세대로 73%를 차지하고 있다. 이 외에 2호선 독신가구 밀집지역으로는 역삼동이 전체 세대의 63%, 구로3동이 65%, 서교동이 62%를 차지한다.

낙성대역, 서울대입구역, 봉천역, 신림역을 관내에 두고 있는 관악구는 도심 접근성이 좋으면 서 비교적 저렴한 다가구 원룸, 오피스텔, 다중주택 등이 매우 발달해 있다. 안심하고 살기에 적당하고 상업지역이 밀집되어 있어 강남에 직장을 두고 있는 여성들이 많이 거주하고 있다. 낙성대역에서 시작해 대로변을 따라 길게 이어진 봉천동, 신림동까지 그리고 서울대 정문에서 신림역으로 이어지는 주변지역은 간혹 보이는 나홀로 아파트단지를 빼면 어느 곳을 가나 거의 도시 전체가 대규모의 원룸촌을 이루고 있다.

관악구, 동작구 등이 포함된 서울 남부지역은 청년 직장인뿐 아니라 일자리를 찾아 국내 인력시장에 편입된 재중동포들이 집단으로 거주하는 곳이다. 특히 대림역 일대는 내국인을 찾기 어려울 정도로 재중동포들이 집단 거주촌을 이루고 있다. 또 동작구 노량진에서 상도동 신대방동은 노량진 고시촌에서 공부하는 고시생들이 집단으로 생활하는 대표 지역이다. 앞에서 열거한 지역들을 합하면 엄청난 원룸단지가 서울 남부지역 주택시장에 밀집되어 있다고 볼 수 있다. 이곳에 거주하는 독신자들은 내는 월세에 비해 매우 열악한 주거환경에서 살고 있다. 반면 투자자의 입장에서는 투자금 대비 매우 경제적인 수익을 올릴 수 있는 지역이다. 임대주택 투자에서 이곳만큼 투자 대상 물건이 많은 곳은 없다.

수익성부동산은 특정 물건을 고집할 필요가 없다. 투자금 대비 월세가 높고 임대회전율마저 높아 공실 발생이 적으면 이곳이 최고의 투자상품이다.

1995년과 2016년의 초등학교 입학생 수

1995년	2016년
80만 명	43만 5220명

위의 표에서 보듯이 우리나라의 초등학교 입학생 수는 지난 20년 간 절반으로 줄어들었다. 이 한 가지 사실만으로도 최근 우리나라의 출산율 저하가 얼마나 심각한 상태인지 알 수 있다. 우리나라에서 인구절벽이라는 말은 청년인구의 감소라는 말과 등가를 형성한다.

그런데 서울 2호선 주요 역세권은 어디를 가나 청년들이 거리를 가득 메우고 있다. 이 현상의 이면에는 쓸쓸한 우리사회의 현주소가 있다. 청년인구는 줄고 있으나 서울 수도권 집중현상이 날로 더해지면서 일자리를 찾아서, 학교진학을 위해서 지방 청년들이 몰려들면서 청년인구의 지역별 비대칭 현상이 심해지고 있다.

그리하여 서울 2호선 주요 역세권의 상권은 여전히 불야성을 이루고 있고 이들이 거주하는 원룸, 소형 오피스텔, 고시원 등의 임대주택은 그야말로 성황이다. 불경기에도 불구하고 청년들의 서울 집중현상으로 임대주택의 월세는 나날이 오르고 임대주들의 주머니는 점점 무거워지고 있다.

돈이 없어서 투자를 못하는 것이지 여유자금만 있으면 경기가 좋던 나쁘던 투자할 곳은 항상 있다. 그래서 돈이 돈을 버는 세상이라는 말이 생긴 것이다.

6

뜨고 있고, 뜨는 곳이 또 나올,
구도심 다가구 반지하 주택

참 세상 오래 살고 볼 일이다. 개인적으로 중, 고등학교에 다닐 때는 서울 북촌 화동에 있던 경기고등학교가 강남 삼성동으로 이전하면서 그 자리에 정독도서관이 생겨서 자주 갔었고, 2000년대 초만 해도 삼청동에 유명한 수제비집이 있어 그냥 수제비를 먹기 위해서 갔던 곳이 이제 북촌 삼청동을 잇는 관광 쇼핑의 명소가 되어 외지인이 몰려들고, 나홍진 감독의 '추격자'라는 영화의 배경이 되기도 했던 망원동 후미진 골목까지 청년들이 몰려들고 있다. 사실 망원동 하면 우리 세대에게는 여름장마가 오면 상습 침몰지역으로 기억되는 곳이다.

서울대입구역 대로변 이면도로에 있는 다가구주택이 몰려 있던 곳에 신사동 가로수길처럼 음식점과 카

폐가 하나 둘 생겨나면서 관악구 최고의 청년 명소 샤로수길이 탄생했다. 예전 육군 경리단 본부가 있던 후면도로가 경리단길이라는 명소로 재탄생하고, 중국화교들이 많이 거주해 가끔 중국음식 먹으러 갔던 곳으로 중국음식보다 오히려 기사식당으로 유명했던 연남동 일대가 이제 청년들의 메카로 자리 잡게 된 사실은 나에게는 경이롭다.

다음은 어느 곳이 이 대열에 합류할까. 우리는 이것이 몹시 궁금하다. 개인적인 생각으로 서울뿐 아니라 수도권 지방도시 구도심지역은 도시재생사업으로 언제든지 핫플레이스 지역으로 부각될 수 있다고 생각한다. 대전시의 문화동 일대, 인천시 개항 100년 이상의 역사가 살아 숨 쉬는 동인천역 일대 구도심 등 찾아보면 서울 지방 가릴 것 없이 많다. 내 개인적으로는 지하철 2호선 사당역에서 출발해 7호선 이수환승역을 거쳐 4호선 총신대역 남성시장으로 이어지는 이면도로 내의 단독주택 밀집지역이다. 이곳에는 이미 이 지역에 거주하는 청년들의 먹거리 쇼핑명소로 입소문이 자자하지만 실제 내용에 비해서 덜 알려진 곳이다. 지금 이곳에는 단독주택을 개조한 독특한 퓨전음식점들이 하나 둘 늘어나고 있다.

이곳 이외에 또 다른 지역을 추천한다면 서울에서 단일 지역으로는 메이저대학 캠퍼스가 가장 많이 몰려 있어 밤이고 낮이고 연일 대학생들로 북적이는 경희대역, 외대역 일대 상권이다. 이곳 인근에는 경희대와 외대뿐 아니라 근거리에 서울시립대, 한국예술종합대 이문동 캠퍼스가 있고, 조금 떨어진 곳에는 서울여대, 삼육대, 광운대, 서울과기대 등의 캠퍼스가 있다. 이곳은 오래 전부터 서울 동부권으로 등하교를 하는 대학생들의 만남과 회식장소로 유명세를 떨쳐왔던 곳이다.

현재 이 지역은 재개발이 이뤄지지 않아 낡고 허름한 주택들이 방치되고 있다. 그러나 서울의 대표적인 매매춘 시설이 몰려 있던 청량리역 일대에서 본격적으로 도시재생사업이 추진되면서 인근 지역인 이곳도 그 영향을 받아 본격적인 도시재생사업이 이뤄질 것으로 예상되고 있다.

앞에서 추천한 지역은 서울 남부권, 동부권 중에서 청년 유동인구가 가장 많은 대표적 지역이다. 우리가 이 지역들을 관심 있게 지켜보지 않아 몰랐을 뿐 이 지역들은 이미 유명세를 타고 있는 종로 도렴동, 서촌, 망리단길, 경리단길, 샤로수길 상권보다 지역의 범위도 넓고 청년 유동인구도 훨씬 많다.

이외에도 서울 지방의 구도심지역 중에서는 앞으로 도시재생사업 추진으로 부동산가격이 오를 곳이 상당히 **많다.** 투자는 남보다 빨리 미래가치가 높은 곳을 선점해서 투자해야 돈도 번다. 알려진 곳은 이미 가격에 다 반영되어 먹을 것이 없다. 투자로 돈을 벌려면 항상 남보다 반걸음 정도는 빠른 행보를 해야 한다. 성장가치는 적고 투자금만 많이 들어가는 신도시 상가 대신 건물 외관은 비록 초라하고 보잘것없어도 미래성장가치에서 만큼은 신도시 상가를 압도하는 서울 지방 구도심의 도시재생사업 대상지역의 단독주택에 집중해서 투자를 모색하기 바란다.

낡고 허름했을 구도심 지역의 골목길이 허물을 벗고 새롭게 변하고 있다. 사람이 모이는 곳은 유명상권이 되고 돈이 된다고 했던가. 이 변화의 흐름을 먼저 알고 이곳에 먼저 둥지를 튼다면 그야말로 대박을 칠 가능성이 높다.

세대를 불문하고 건물주가 되기를 바라는 로망이 거세다. 당연히 투자자의 발길도 끊이지 않는다. 그동안 홀대 받던 좁은 골목길 다가구 반지하 주택에까지 사람들이 몰리고 있다.

예전에는 구도심 지역의 골목길 내에 있던 다가구주택은 차량진입이 쉽지 않고 주차공간이 없어 주거지로는 영 아니었다. 부동산투자 성공 매뉴얼에도 등장하지 않는 내용이다. 특히나 반지하 건물은 실내로 햇볕도 들어오지 않고 가격도 낮았다. 최근 홀대 받던 골목길 내에 있는 반지하 다가구주택(건물)의 경제성이 부각되고 있는 이유는 소비트렌드의 변화와 영향 때문이다.

서울은 어느 지역을 가나 대로변은 프랜차이즈 가맹점, 대형 상가, 쇼핑몰 등이 점령하고 있지만 이곳에서는 그들을 찾아볼 수 없다. 이곳은 소호 형태의 특색 있는 상점, 음식점, 주점, 카페가 주도한다. 골목상권의 유니크한 개념과 다양한 분위기에 끌려 청년들이 몰리면서 반지하 다가구 주택들은 미운 오리새끼에서 백조로 변신했다.

이미 유명지역으로 떠오른 곳 말고 반지하 다가구 주택은 기존의 오피스투자와 비교해 투자의 진입장벽이 상대적으로 낮다. 그래서 꼬마빌딩으로 부르는 것이다. 당연히 매입가격이 상대적으로 낮다. 다가구주택은 다세대주택과 다르게 임대주가 한 명이라서 건물 전체를 매입하는 절차가 간단하다.

또 단독주택은 신축을 거쳐 수익성을 높일 수 있다. 다가구주택은 3~4층의 건물에 1억원에서 2억원 정도의 리모델링 비용으로 상가건물로 전환이 가능하다. 골목길 다가구주택을 매입해서 상가건물로 리모델링을 하면 임대수익의 확장이 가능해진다. 2종 주거지역 내의 다가구주택은 상가건물로 리모델링이 가능하다. 이태원 경리단길, 서울대입구역과 인접해 있는 샤로수길, 연남동, 청와대 건너길 한옥촌이 몰려 있던 서촌이 대표적인 곳이다. 문제는 이 지역들이 유명세를 타면서부터 3.3㎡당 매매가가 4,000만원에서 8,000만원으로 많이 올랐다는 점이다.

일찍 나는 새가 독수리의 먹잇감이 된다는 말이 있지만, 부동산투자는 돈 되는 지역을 먼저 찍고 투자하는 사람이 돈을 번다. 남을 따라가기만 하다가는 막차를 타는 일이 비일비재하다.

이미 한 차례 가격 상승이라는 폭풍이 지나간 지역을 제외하고 아직도 낡고 허름한 구도심에서 새로 부각될 핫플레이스 지역은 어디가 될까. 현장방문을 통해 찾아보는 것도 흥미로운 일이다.

부동산투자의 카테고리를 협소하게 생각하지 말라. 부동산투자는 상가, 아파트만 있는 것이 아니다. 구도심에 대한 도시재생사업이 본격적으로 시작되는 지역의 단독주택 건물도 있다. 어쩌면 이곳이 당신에게 또 다른 기회의 땅이 될 수 있다.

7

아파트투자와는 다른 수익성부동산, 수익률 높이는 법

수익성부동산은 무조건 비싸다고 해서 또는 싸다고 해서 좋은 것이 아니다. 어느 물건이 됐든 투자금 대비 실질수익률이 높은 물건, 가격 대비 미래에 성장이 담보되는 지역 내의 물건을 골라 먼저 투자해야 돈을 번다. 최근 10년간 남들은 집값이 안 올라 팔아야 하나를 고민하는 시간에 먼저 주거용오피스텔, 다가구원룸에 투자해 돈을 번 사람이 얼마나 많은가.

수익성부동산 투자는 아파트투자와 다른 성격을 갖고 있다. 특히 수익성부동산 중에서 상대적으로 소액으로 투자가 가능한 오피스텔의 경우 교통이 편리하고 주거와 사무실을 겸용으로 이용할 수 있는 곳이 경제성이 있다.

수익성부동산 투자는 핵심권역의 신축 부동산을 고집할 필요가 없다. 핵심권역의 수익성부동산은 변두리 외곽지역의 건축연령이 오래된 부동산과 비교해 평균적으로 수익성이 낮다. 도심권 외곽의 소형 소액 물건이 투자금 대비 수익성이 높다.

임대수익을 목적으로 투자하는 수익성부동산은 아파트투자처럼 뷰(VIEW), 층고, 호수를 따져서 투자하는 물건이 아니다.

건설사들은 주거용오피스텔을 분양할 때 투자자들이 아파트를 고르는 기준으로 접근한다는 사실을 잘 알고 이 기준에 따라 가격을 차별화해서 분양한다. 그러나 우리가 알아야 할 분명한 사실은 적어도 주거용오피스텔의 경우 비싼 것이 좋은 것이 아니라 투자금 대비 수익성이 높은 물건이어야 한다는 점이다.

오피스텔은 공급면적이 아닌 계약면적을 기준으로 3.3㎡당 평균 분양가를 결정한다. 공급면적이란 한 가구의 전용생활공간인 전용면적에 계단과 복도, 엘리베이터와 같은 주거공영면적을 합한 공간의 넓이다. 오피스텔은 공급면적에 지하주차장 등의 기타 공영면적을 더해 분양면적으로 한다. 따라서 오피스텔과 아파트의 3.3㎡당 평균 분양가를 단순 비교하면 분양면적이 넓은 오피스텔이 아파트보다 낮은 것으로 보이지만 이는 착시현상이다. 실제 전용률은 아파트가 더 넓다.

오피스텔은 소형 평수가 많고 복도식 구조를 채택하기 때문에 일반 아파트보다 전용률이 낮아 개별가구가 독립적으로 사용할 수 있는 공간 비중이 상대적으로 작다. 전국 기준 오피스텔의 전용률은 51.6%로 전용률이 80%에 이르는 일반 아파트와 비교해 매우 낮다.

오피스텔은 아파트와 달리 전용률이 낮고 가끔 분양면적이 부풀려지는 사례가 있어 실제 전용면적을 기준으로 분양가가 적정한지 평가해야 한다. **오피스텔의 분양면적은 아파트와 비교하지 말고 다른 오피스텔의 분양면적 분양가와 비교해야 한다.**

저가의 주거용오피스텔과 같은 저소득의 독신가구가 주로 거주하는 임대주택은 아파트와 투자의 목적이 다르고 투자방법도 다르게 해야 한다. 어떻게 해야 하는지 간단히 정리해 보자.

첫째, 아파트는 매매차익을 목적으로 하기에 가격이 비싸도 핵심권역에 투자하면 된다. 그러나 오피스텔 등의 수익성부동산 투자는 시세차익보다 당장의 임대수익이 목적이다.

둘째, 오피스텔투자에서 임대수익을 높이는 방법은 무엇일까. 되도록 매매가가 싼 수도권 외곽지역으로 나갈수록 투자금 대비 임대수익이 높아진다. 따라서 오피스텔투자는 매매가와 반비례해서 임대수익이 높아지는 구조다.

8

당신을 속이는 상품에서 벗어나
대체제를 찾아라

많은 이들이 미래에 대비하기 위해 장기간에 걸쳐 연금이라는 상품에 투자한다. 연금상품은 보험사와 은행, 증권사에서 판매한다. 이 중에서 비정규 영업직을 활용해 극성스럽게 영업하는 보험사 연금상품의 시장점유율이 가장 높다. 그런데 만족도 면에서는 보험사의 상품이 가장 많이 떨어진다.

보험사에서 판매하는 연금저축에 가입해서 적어도 3년 이상을 불입한 사람이 급히 목돈이 필요해 중도 해지를 한다면 어떤 일이 벌어질까. 해지 수수료를 내고 그동안 연말정산 때 환급받은 세금 등을 돌려주고 나면, 받는 돈은 자신이 불입한 돈의 절반을 간신히 넘는 수준이다. 한푼이 아쉬워 해지하는 입장에서 얼마나 부당한가. 2015년 6월 기준으로 보험사의 연금저축 가입자는 545만 명으로 이들이 보험사에 불입한 금액은 107조원에 이른다. 전체에서 보험사가 차지하는 비중은 80%다.

정부는 국민연금만으로는 부족한 노후 대비 수단을 스스로 마련하도록 장려하기 위해 연금저축 가입자에게 절세혜택을 준다. 연간 불입금 400만원 한도 내에서 납입액의 13.2%를 환급받는다. 중도 해지 시 연금저축 가입자는 연말정산 세제공제율(13.2%)보다 3.3% 높은 기타소득세 16.5%를 내야 한다. 2013년 전에 가입한 사람은 가입 후 5년 이내 해지하면 가산세 2.2%를 더 내야 한다.

그렇다면 이쯤에서 한 가지 의문이 생긴다. 과연 연금저축을 만기까지 유지하면 손해를 보지 않을까. 보험사의 연금저축은 사업비라는 명목으로 내가 낸 보험금에서 적게는 7%에서 10%를 떼고 계산하기 때문에 처음부터 경쟁력이 떨어진다. 기회비용 측면에서 적수 금리가 높은 자유적립식예금보다 훨씬 못하다.

보험사 사업비에서 가장 많이 차지하는 부분이 바로 설계사 수당이다. 개인사업자로 분류되지만 엄밀히 말해 비정규직 영업직인 설계사는 고정급이 없이 자신이 판매한 보험만으로 수익을 올리는 구조다. 수익구조가 이렇다 보니 죽기 살기로 고객을 끌어들인다. 오직 자신의 이익을 위해 불리한 측면은 최대한 감추고, 그들만의 세상에서 통하는 계산식으로 고객의 눈을 속인다. 이렇게 속은 고객은 최후에는 피해자가 되는 것이다. **보험사에서 판매하는 연금 저축, 변액보험 등 거의 모든 저축형 상품이 이렇다.**

이 책에서 임대주택의 경제적 가치를 강조하기 위해 상대적으로 열악한 연금상품을 예로 든 것은 아니다. 이 혹독한 저금리에 우리를 더 어렵게 하는 것이 바로 이들 상품이기 때문이다. 꼭 다른 투자 상품을 선택하지 않더라도 이런 상품은 바로 쓰레기 통으로 향하는 것이 돈을 떠나서 정신건강에도 좋다.

혹시 이런 생각을 한 번쯤 해보지 않았는가? 왜 은행과 거래하는 사람들은 이자가 줄어들어 울상인데, 은행 임직원들의 월급은 오르고 자산규모는 점점 더 확대되는지 말이다. 은행의 전통적인 수익은 고객의 예금과 대출 간에 발생하는 금리 차이에 기반을 두고 있다. 이를 예대금리 차이라고 하는데, 이 차이가 3% 정도면 적당한 수준이라고 한다. 그렇게 보면 은행의 주 수익원이라는 것이 정말 뻔한데, 어떻게 은행의 이익은 늘어만 갈까? 바로 신탁, 펀드, 보험과 같은 무위험 자산의 판매 비중이 늘어나면서 이들 상품의 판매에 비례해 수수료 수익이 급증했기 때문이다. 연금, 펀드, 보험 같은 상품은 은행의 고유 계정이라 할 수 있는 저축, 예금 상품과 달리 자산운용에 따르는 일정 수수료를 원금의 손실 여부와 관계없이 꼬박꼬박 내야 한다.

자산운용사는 자신들이 판매하고 운용하는 펀드의 원금 손실이 발생하는 상황에서조차 자산운용사의 임직원과 대주주의 지갑은 점점 두둑해진다. 펀드형 상품에 투자해 원금 손실이 발생해도 그 손실은 고스란히 투자자의 몫이다. 원금 손실이 나더라도 투자자는 수수료를 내야 하는 구조로 설계되어 있기 때문이다. 그래서 펀드는 금융회사 입장에서는 신이 선물한 '황금알을 낳는 거위'라고 표현하는 것이다.

퇴직연금은 국민연금, 개인연금과 더불어 소위 3대 연금 중 하나다. 요즘 나오는 이야기들을 종합해 보면 국민연금은 앞으로 수급률이 더 나빠질 것으로 보이고, 국민연금을 상대적으로 많이 내는 사람들은 20만원을 주는 기초연금 수령액을 깎는다고 한다. 국민연금은 준조세 성격의 강제보험이다. 강제로 보험에 들게 하고 손실이 나면 사설펀드처럼 수급자가 손실분을 부담해야 하는 부당성이 내재되어 있다.

국민연금은 그렇다 치고 개인연금 역시 수익률이 맛이 간 지 오래되었다. 그나마 믿고 있던 퇴직연금까지 실질수익률이 제로란다. 여기에 퇴직연금 운용수수료 1%까지 공제하면 꼬박꼬박 돈을 넣을수록 손실만 커지는 셈이다.

퇴직연금 수익률이 금융회사 간 침묵의 카르텔이라도 존재하는 것처럼, 어찌 이렇게 천편일률적일 수 있는지 모르겠다. 마치 관치금융 시대에 정부가 금융시장에 개입하여 모든 시중은행의 정기예금, 저축상품의 금리를 획일적으로 정해주던 때가 떠오를 정도다.

현재 전체 퇴직연금 가입자의 70%가 확정급여형 가입자들이다. 여기에 확정기여형 가입자들까지 포함시켜도 수익률이 1%를 넘는 금융회사는 한 곳뿐이다. 여기서 수수료를 공제하면 실질수익은 손실이 발생한다. 퇴직연금에 적립되어 있는 돈이 2014년 6월 기준으로 85조 2,837억원이다. 금융회사 입장에서는 수수료로 1%만 받아도 그 이익이 어마어마하다. 이런 행태를 보면 금융거래에서 투자자는 봉이고 금융회사만 살찌우는 일이 아니라고 그 누가 부정할 수 있겠는가.

이렇게 당신의 생명줄 같은 노후자금이 병들어가고 있다. 그런데도 우리의 투자는 왜 항상 금융회사의 프레임에서 벗어나지 못할까? 대체재가 없다면 모를까, 이제 더는 금융회사의 프레임에 갇혀서는 안 된다. 먹고 살기도 힘든 세상에 여유자금이 어디 있어서 수익성부동산에 투자할 수 있겠는가. 그러나 여유자금이 생긴다면 큰돈이 있어야 가능한 상가는 투자하지 못해도 소형 주거용오피스텔 정도의 투자는 가능하지 않을까. 소형의 주거용오피스텔 수익률은 은행 정기예금의 이자보다 훨씬 높다.

국가의 사회보장제도가 미흡해 자신의 노후를 월세에 기대하는 사회는 비정상적이다. 우리나라는 10대 경제대국이고 1인당 국민소득은 3만달러에 이르고 있다. 그러나 노후복지 수준은 OECD 국가 중 최하위를 기록하고 있고 노인빈곤율은 40%에 이른다.

임대주택 투자로 받는 월세의 상당 부분은 대한민국의 미래자산인 가난한 청년들의 주머니에서 나온다. 이제 이 비정상인 시장구조에 국가가 개입해 노후복지를 강화하고 청년들의 주거비 부담을 덜어주는 정책을 강력히 시행해야 한다.

9

1000만원으로
임대주택에 투자하는 법

주택은 일반적으로 단독주택과 공동주택으로 구분한다. 단독주택은 보통 우리가 단독주택으로 말하는 주택과 소유주 1인이 전체 건물을 소유해 세대주별 개별등기가 아예 불가능한 다가구주택, 다중주택을 말한다. 공동주택은 세대별로 개별등기가 가능해 독립세대 다수가 건물을 공동으로 소유하는 아파트, 다세대주택(빌라), 연립주택을 말한다. 독신가구를 주 수요대상으로 하는 원룸용 임대주택은 주로 다가구주택, 다중주택이 이용된다, 단독주택과 공동주택 모두 임대가 가능하지만 독신가구의 근로소득을 감안해 월세 한계선인 60만원 이상을 내야 하는 대부분의 다세대주택, 연립주택 아파트는 임대용으로 활용하는 데는 한계가 있다. 그래서 독신가구를 대상으로 하는 원룸용 임대주택은 단독주택 중에서 다가구주택과 다중주택 그리고 소형오피스텔이 주를 이룬다.

같은 원룸용 임대주택이라도 건물 전체를 매입해야 임대가 가능한 다가구주택, 다중주택은 소액으로 투자하기 어렵다. 대출 안고 매입한다고 해도 수억원 이상의 투자금이 있어야 한다. 그러나 소형오피스텔의 경우 수도권 외곽, 서울 전철이 들어가는 천안권으로만 내려가도 은행의 신용등급이 우수한 사람들은 불과 1~2천만원의 종자돈만으로도 투자할 수 있는 매물이 많다.

앞서 말한 대로 임대주택 투자는 은행 신용등급이 우수해 저리로 대출이 가능한 사람은 천만원만 있어도 투자할 수 있다. 임대주택 투자가 다른 수익성부동산과 비교해 저가 매물이 많다고 해도 과연 1천만원으로 투자할 수 있다는 것이 도대체 말이 되는가. 아마도 이렇게 생각하는 것이 일반적인 시각일 것이다. 이를 부정하고 싶지 않다. 맞는 말이고 너무나 상식적인 시각이기 때문이다.

그렇다면 나의 말은 거짓말일까? 비판을 하더라도 사람 말을 한 번 끝까지 들어보기 바란다.

나는 부채도 자산이라고 생각하는 사람이다. 물론 지나치면 안 된다. 부채의 금리비용이 특정 상품에 투자해서 발생할 수익률보다 낮다면 이는 엄밀히 말해 자산에 해당한다. 교과서에도 자산이라는 것은 자본과 부채의 합이라고 나와 있다.

낮은 이자로 돈을 빌려 그 이상의 수익률을 내는 법을 재무적 용어로 레버리지라고 한다. 우리라고 이 레버리지를 이용해 그 덕을 보지 말라는 법은 없다.

레버리지 효과가 발생하려면 일단 금융권에서 평가하는 개인 신용등급이 우수해야 한다. 현대사회에서 신용은 돈이다. 저가 소형오피스텔의 수익률은 전체 오피스텔의 평균수익률보다 높다. 6%에서 많게는 10% 이상이다. 대출금의 이자가 이보다 낮으면 레버리지 효과가 발생한다. 문제는 금융권에서 평가하는 신용등급이다. 1, 2등급이라면 대출금리가 3% 내외로 확실하게 레버리지 효과를 기대하고 빚내서 투자하는 데에 문제가 없다. 하지만 이보다 신용등급이 떨어진다면 앞에서 주어진 미션 1천만원을 가지고 이를 종자돈 삼아 투자하는 일은 어려워진다.

우리나라의 개인 신용등급은 1등급부터 10등급으로 분류된다. 각 등급별 대출금리 차이는 구간별 평균 2.5% 수준이다. 따라서 신용등급이 5등급 이하로 떨어지면 대출금리가 11.9%로 크게 오르고 6등급은 이보다 더 떨어져 17.8%에 이른다.

이 사실을 알고 나면 **개인의 신용관리가 돈이라는 생각을 하지 않을 수 없다.** 결론적으로 신용관리를 잘못하면 아무리 좋은 투자상품이 있다고 해도 레버리지 효과를 노릴 수 없다. 내 돈이 없다면 사실상 투자가 막히고 만다. 신용관리를 소홀히 하여 좋은 기회를 스스로 걷어차는 일이 없도록 해야 한다.

신용등급 관리를 잘하면 돈이 없어도 매입하고자 하는 매물을 매도자, 은행과 사전에 교감하여 물건 매입 전에 근저당을 설정해서 대출을 받아 이를 매입대금으로 지급할 수 있다. 금융권에서는 이를 근저당 설정과 대출을 동시에 진행한다고 해서 속칭 '동시 패션'이라고 부른다.

결과적으로 신용관리를 잘한 사람은 1천만원을 종자돈 삼아 외부에서 저리로 자금을 조달해 저가의 소형오피스텔에 투자할 수 있으니 거짓말이 아니다. 이는 좀 더 높은 수준의 재무기법이라고 말하는 것이 옳다. 문제는 항상 그렇지만 신용등급 관리를 잘하지 못한 자신의 탓이다.

서민 중산층의 가계경제가 무너지고 있다는 기사가 연일 쏟아진다. 일자리는 줄고, 돈을 더 벌기 어렵고, 그렇다고 생활규모를 줄이는 일도 힘들고, 이래저래 고민이 깊어지는 지점이다. 이 문제를 어떻게 해결해야 할까. 그렇다고 해서 냉장고를 파먹고 살아야 하는가. 냉장고를 다 파먹으면 또 채워 넣어야 한다. 사실상 방법이 없다. 벌이가 줄어든 만큼 씀씀이를 줄여야지 별 수 없는 노릇이다. 지금도 충분히 아껴 쓰고 있는데, 여기서 어떻게 더 아껴 쓰느냐고 반문하는 사람도 있을 것이다. 그 또한 맞는 말이다. 로또복권 1등에 당첨되든지, 주식에 투자해서 폭등을 기대하든지……. 이런 일이 가능하다면 왜 이 고민을 하겠는가.

고금리 시대에 서민들이 중산층이 되는 과정은 대개 은행권 예적금으로 종자돈을 모으고, 이 돈에 빚을 얹어서 아파트에 투자하는 식이었다. 아파트분양 당첨 후, 입주 시기가 되면 집값이 오르는 것

수익성부동산,
끝날 때까지 끝난 것이 아니다

이 거의 불문율이었다. 그러나 이제는 이 고리가 끊어졌다. 넓은 평형의 아파트는 재산 축적 도구로써의 기능이 사라지고 고정비 덩어리로 전락했다.

저금리 시대가 도래하면서 서민 중산층이 근로소득으로 저축하고 투자해 매우 쉽게 가처분소득을 늘리는 방법이 사라졌다. 이제 우리는 기존의 방법은 버리고 무엇을 어떻게 할지를 심각하게 고민해야 한다.

대한민국에서 '여자의 결혼은 미친 짓이다'라는 말이 사라지게 하는 방법은 결혼, 비혼의 여부를 따지지 말고 우리나라에서 태어난 아이들은 모두 국가가 키운다는 생각으로 국가의 정책이 바뀌어야 한다. 일하는 여성에게 육아와 가사노동, 아이의 교육을 전부 짐 지워서는, 국가가 아무리 결혼을 장려해도 당사자는 쉽게 결정할 수 있는 문제가 아니다.

결혼 대신 경제적 독립을 꿈꾸는 여성이 크게 늘고 있다. 독립을 꿈꾸는 여성들은 일과 재테크에 관심이 많다. 이런 여성들에게 진입장벽이 그나마 낮은 소형 임대주택은 그들의 경제적 독립을 앞당기는 일에 큰 도움이 될 수 있는 상품이다.

4부

소액으로 투자하는
임대주택의
모든 지식

1

임대주택
투자 실행 7단계

살다보니 인생이라는 시간에 가속이 붙는 것 같다. 나이 들수록 한해 두해 너무 빠르게 지나간다. 나이 들수록 가난했지만 자유로웠던 어린 시절의 기억은 더 뚜렷해진다. 성인이 되고부터 삶의 무게는 항상 나를 압박했다. 어떻게 사는 것이 잘 사는 것인가 생각하는 것조차 사치였다. 환경이 바뀔 때마다 적응하기 바빴고 살아남아야 했다. 군대생활, 치열했던 사회생활, 가장이라는 책임감에 한순간도 긴장의 끈을 놓고 산 적이 없었다. 그래 시간이 해결해 줄 거야. 아이들이 자라서 독립하면 그때는 경제 문제로부터 자유로워지겠지, 조금만 힘을 내자. 그러나 은퇴시기가 다가오면서 오히려 죽는 날까지 먹고사는 문제가 더 힘들게 다가온다. 지금 당장 누가 나의 남은 인생을 책임져 주겠는가. 노후복지 후진국에서 국가가 해줄 리 만무하다. 아이들은 성년의 나이가 됐지만 아직도 내 도움을 필요로 한다. 스스로, 셀프(self)로 문제를 해결하는 하는 수밖에.

인간의 자연수명이 계속 늘어 얼마 안 있으면 100세시대도 가능하다고 한다. 무의미한 일상이 반복되는 삶 속에서 과연 자연수명의 연장이 축복받을 일일까. 나는 앞으로 봄, 여름, 가을 그리고 겨울을 수십 번 반복하다가 다시 저 거대한 우주의 먼지로 사라질 존재다. 우리는 자연의 순리를 인정하지 않고 서로에게 상처를 입히고 죽지 않으려고 발버둥 치다가 결국 죽어 사라지는 존재다. 이것이 인간의 보편적 삶이다. 우리는 잘살기를 위해 재테크를 하고, 사는 집에 불과한 부동산에 남아 있는 시간을 허비하며 산다. 또 이렇게 사는 것이 당연하다고 생각한다. 사회환경도 그렇게 살라고 한다. 나이 들수록 산다는 것이 만만치 않다.

베이비붐의 끝자락 세대인 내 친구들이 본격적으로 회사를 나오고 있다. 그들의 손에는 나머지 인생을 살기에는 많이 부족한 퇴직금이 주어진다. 그들에게 이 돈은 생명줄이다. 이 돈으로 치킨가게를 열자니 용기가 안 나고 돈을 쥐고 있으면 어디론가 사라질 것 같아 두렵다. 친구들이 그들보다 앞서서 회사를 일찍 그만둔 나에게 묻는다. "친구야, 나 이제 뭐 해먹고 살지?"

오랜 기간 재테크를 업으로 살아온 내가 그들에게 해줄 수 있는 말은 "임대주택 사서 월세나 받으며 살아라"다. 평범한 인간들에게 먹고사는 문제는 도덕과 정의를 뛰어넘는 실존의 문제다. 청년들의 등골을 빼먹는, 월세로 먹고사는 문제를 해결하는 대열에 나의 친구들도 합류하고 있다. 그리하여 대한민국은 월세로 먹고사는 사람이 수백만 명이 넘는 지대사회rent society로 진입했다.

알량한 퇴직금으로 노후생활을 해야 하는 퇴직자에게는 다른 선택지가 없다. 국민연금은 최저생활비의 25%도 안 되고 은행예금에 1억원을 투자해서 받는 월 이자는 10만원에 불과한 상황에서 그 돈으로 천안시의 신부동 두정동, 시흥시의 정왕동, 안산시 고잔동 등의 저가 오피스텔에 투자하면 최소한 매월 50만원, 레버리지를 효과적으로 이용할 경우는 1년에 월세로만 1,000만원 이상을 벌 수 있는데 누가 이를 마다하겠는가.

돈에 여유가 있는 사람들은 인천 구월동, 천안시 신부동 성정동 두정동 안서동, 대전시 홍도동 용전동 도마동 대동 용운동 등 대학가 원룸단지에 가면 대출, 보증금 안고 투자하는 경우 1~2억원으로 원룸전용 다가구주택에 투자할 수 있다.

나는 투자상품에 절대성이라는 것은 없다고 믿는 사람이다. 단지 경제흐름에 따라 가치가 달라진다. 현재 투자상품의 3요소인 안정성 수익성 환금성에 있어 임대주택은 가장 경쟁력이 있는 상품이다. 투자를 할지 말지 결정하는 것은 오직 당신이 선택해야 하는 문제다. 지금부터는 임대주택 투자에 관해 이야기해 보자.

월세를 노리고 투자하는 임대주택은 투자대상이 동일한 물건이라도 지역에 따라 매매가격이 크게 차이가 난다. 또 투자대상 건물의 형태에 의해 투자금에 큰 차이가 있다. 임대주택 투자를 실행에 옮기기 전에 가장 중요한 일은 자신이 원하는 물건과 동원할 수 있는 자금의 일치성 여부다. 돈도 준비되지 않은 사람이 수익이 많이 나온다고 해서 상당한 투자금이 요구되는 다가구주택을 투자 대상으로 삼을 수는 없다. 이 문제가 해결되어야 그 다음 순서로 임대주택 투자 매뉴얼이랄 수 있는 임대주택 실행 7단계를 투자에 적용할 수 있다. 다음은 임대주택 투자 실행 7단계에 대한 내용이다.

1단계. 투자가능 금액을 먼저 정한다

2단계. 투자 대상지역을 2~3곳으로 압축한다

3단계. 미친 듯이 발품을 판다

4단계. 동일 지역, 동일한 조건을 가진 물건의 수익률을 객관화시키는 작업을 한다

5단계. 주택의 관리상태를 이 잡듯이 철저하게 살핀다

6단계. 수요층 니즈에 부합하는 풀옵션을 업그레이드한다

7단계. 부족자금을 금융거래로 해결하는 방법을 알아둔다

모든 투자가 그렇듯이 임대주택 투자에서 가장 큰 장애요인은 바로 '돈'이다. 소액으로 투자하는 저가의 소형 임대주택일지라도 대상

이 부동산이면 소득 수준에 따라서는 자신이 갖고 있는 여유자금 대부분을 투자해도 모자랄 수 있다. 다행히 아직까지는 소형 임대주택의 임대 수익률이 대출이자보다는 높아 대출만 받을 수 있으면 이자는 큰 부담이 되지 않는다. 대출이자보다 임대수익이 더 많기 때문이다.

부족자금은 신용대출로 해결할 수도 있다. 매입대상 물건을 가지고 사전에 금융회사와 협의해 동시패션으로 대출이 가능한지를 꼭 확인해 둔다. 앞서 언급했듯이 동시패션이란 금융권에서 흔히 부르는 용어로 매입대상 물건을 가지고 주인의 동의 아래 근저당권을 설정함과 동시에 대출을 받아 잔금을 지불하는 금융기법이라고 할 수 있다. 동시패션 기법을 활용하면 부족한 잔금을 저리의 주택담보대출로 조달이 가능해 원하는 물건을 매입할 수 있다.

절대적인 인구의 감소에도 불구하고 독신가구와 청년인구의 수도권 집중 현상으로 소형 임대주택의 수요층이 탄탄해졌다. 시장 전체적으로는 긍정적이다. 그러나 임대수익에 결정적인 영향을 미치는 임대회전율 100%의 미션을 달성하기까지는 최선의 노력을 다해야 한다. 수요층이 넓다고 해서 아무 일도 안 하고 기다리면 당신이 원하는 임대인이 제 발로 찾아와주지 않는다. 임대사업에서 가장 위험한 상황은 '공실발생의 문제'이다. 공실의 발생은 직장인이 기껏 열심히 일하고도 임금을 받지 못하는 것과 같은 상황이다. 공실이 발생하면 잠 못 드는 밤이 길어질 수 있으니 이런 일이 일어나지 않도록 고민하고 노력해야 한다. 그렇게만 하면 크게 실패할 일은 일어나지 않는다. 어느 사업이든 결국 개인의 노력이 성공을 좌우한다.

2

이런 갭투자라면
해도 된다

　　　　　　　　문재인정부 임기 동안에 부동산은 일부 호재가 특별히 발생하는 지역이 아니고서는 크게 오르지 않는다. 아파트, 연립, 다세대 같은 공동주택은 보합세만 유지해도 다행이다. 이 말을 왜 하느냐 하면 단기간에 부동산이 급등해야 그 효력이 발휘되는 갭투자는 현재의 부동산시장 환경에서는 적절치 않다는 점을 우선 강조하기 위해서다.

　　그러나 앞으로 얘기하는 임대주택 투자는 레버리지를 이용해 수익률을 늘리는 것이 가능하다.

　　임대주택에 투자해 매월 받는 월세를 가지고 월세를 더 늘리는 법을 말하기 전에, 이미 매입한 원룸을 담보로 해서(원룸은 대부분 보증금은 적고 월세로 임대를 하기 때문에 기존에 대출금이 없으면 매매가 대비 50% 이상 대출이 가능하다. 따라서 임대수익률보다 대출금리가 낮으면 지렛대 효과가 발생해 수익 체증이 가능하다) 대출을 받아 한 채를 더 매입해 임대를 놓는다면 수익은 큰 폭으로 확장된다. 이렇게 하면 적은 돈으로 월세 두 배 받기가 가능해진다.

이 방법을 통해 늘어난 월세를 가지고 매월 내수 관련 우량종목을 저축하듯이 장기간 매입한다면 주식투자에서 오는 위험은 크게 낮추고 수익률을 크게 높일 수 있다. 펀드사에서 판매하는 적립식펀드가 이런 방식으로 운용된다. 적립식펀드 대신 자신이 직접 투자하면 원금의 3%나 되는 수수료를 내지 않아도 된다.

주식투자가 과거보다 쉬워졌다고 말한다면 납득이 될지 모르겠다. 그래도 긍정적으로 시장을 봐 보자. 현재 국내 주식시장의 큰 흐름은 양극화다. 몇몇 대기업, 음료, 식품, 유통, 화장품 등의 내수시장 독점기업들이 시가총액을 좌지우지할 정도다. 이렇게 시장지배력이 확실한 기업의 주가는 일시적으로 흘러내리더라도 반드시 원래의 전 고점을 회복하고 신고가를 다시 쓴다. 정크Junk 주식에 손대거나 신용거래를 하지 않고, 순수한 자기 돈으로 장기간 저축하듯 우량종목 중심으로 주식에 투자한다면 주식투자의 위험을 크게 낮출 수 있다.

즉, 시황에 일희일비하지 말고 안정적인 스탠스를 가지고 주식에 투자하라는 뜻이다. 주식투자는 위험이 큰 투자상품이므로 큰 욕심은 버리고 채권이나 임대형부동산에 투자하여 발생하는 이자와 임대소득의 수익률 확장을 위해 연계 투자하는 것이 적당하다. 특히 주식은 환금성이 좋아 부동산과 궁합이 잘 맞는다. 부동산에서 벌어들인 수입을 딴 곳에 쓰지 않고 주식에 묻어두면 소비를 통해 작은 돈이 어디론가 사라져버리는 일도 방지할 수 있고, 주식투자로 수익을 노릴 수도 있으며, 돈이 필요할 때 주식을 팔아 현금화하기도 쉽다. 주식에서 수익이 발생하여 목돈이 되면 또 다른 부동산에 투자할 수도 있다. 부동산에 투자하려면 최소한의 목돈이 필요하다. 목돈이 될 때까지 기다려야 하는 시간적인 간극을 주식으로 메우는 효과도 발생한다.

장기간 가입할수록 기회이익이 줄어드는 연금상품이나 저축성보험에 생각 없이 투자하지 말자. 한 푼이 아쉬운 시점에 왜 이런 선택을 하는가? 그것도 한국은행의 기준금리가 1%대인 시대에 말이다.

요즘 나오는 펀드상품들을 보고 있노라면 자신의 날개가 타들어가는지 모르고 높게 날갯짓을 하던 이카루스의 신화가 연상된다. 인간이 아무리 발버둥 쳐도 하늘에 도달할 수 없는 것처럼, 지식이 아무리 뛰어나도 시장의 변동성을 이겨낼 수는 없다. 그러나 펀드상품을 내놓는 사람들은 자신들이 시장의 변동성을 이겨낼 수 있다고 말한다. 이는 시장과 투자자를 속이는 행위다. 그렇게 해도 자신들의 날개는 타들어갈 염려가 없고, 자신들의 말에 현혹되어 펀드에 가입하는 사람이 늘면 수수료로 호위호식 할 수 있으니 하는 말이 아닌가 싶다.

남미 경제권의 중심인 브라질의 재정위기가 심각하다. 이 뉴스를 접하자마자, 모 펀드회사에서 소위 신흥시장에 투자하는 이머징마켓펀드를 프로모션을 했던 일이 오버랩되었다. 그들의 말을 믿고 이머징마켓펀드에 투자했던 사람들은 지금 어떤 마음일까? 투자자들이 피눈물을 흘리는 동안 그들은 손해 하나 보지 않고 투자자가 낸 수수료로 막대한 수익을 챙겼다. 펀드 판매권 하나로 이 같은 막대한 이익을 얻는다는 건 문제도 보통 문제가 아니다.

요즘은 투자자들도 영리해져서 펀드 판매가 잘 안 되는 모양이다. 그래서 랩어카운트니, 자문형 랩이니, ELS펀드니 하는 생소한 펀드를 잇달아 출시하면서 투자자들을 유혹한다. 걸려들지 마라. 펀드나 변액보험에 투자해서 끝이 좋았던 사람이 있는지, 만약 있다면 해당 투자기간에 코스피 평균수익률보다 얼마나 높았는지 알아보기 바란다. 금리가 낮아지니 별 해괴한 유사 금융상품까지 지갑을 털려고 한다. 금리가 낮을수록 평정심을 잃지 말아야 한다.

본질은 누가 더 안정적으로 자산을 운용해서 높은 수익을 올리고 합리적으로 수수료를 받느냐 하는 것인데도, 법은 자산운용사에게만 유리하게 되어 있다.

현재 판매되고 있는 변액보험을 포함한 펀드상품들은 상품운용의 결과에 대해 책임을 지지 않으면서 막대한 수수료만 챙긴다. 그러나 그 수익률이라는 것은 언제나 그렇듯 시장 평균에도 미치지 못하고, 투자원금의 손실도 종종 발생한다. 부당하다고 생각하지 않는가?

지금의 펀드는 펀드회사의 대주주, 임직원들의 배만 불리는 상품임이 분명하다. 만약 개인이 투자상품 리스트에서 펀드를 배제하고 다른 투자상품을 선택해 포트폴리오를 운용했다면, 펀드에 투자한 것보다 성과가 훨씬 나았을 것이다.

지금 펀드회사들은 시장에서 그들에 대한 시선이 곱지 않다는 것을 알고 자산의 구성을 달리한 신상품들을 출시해 돌려막기를 하고 있다. 펀드의 이름이 바뀌고, 자산운용의 형태가 바뀐다고 해서 고객 착취형 상품인 펀드의 색깔이 변하는 것은 아니다.

노후준비자금은 어떤 성격의 돈인가? 사람에 따라서는 생명줄 같은 돈이다. 그런데 이 돈을 신뢰가 없는 자산운용사의 말만 믿고 투자할 것인가? 답이 없어서 펀드에 투자한다는 사람들이 있는데, 펀드에 투자하느니 차라리 내수시장에서 독점적 시장점유율을 가진 기업의 주식을 적금 들듯 매달 사 모으든지, 증권사가 장외거래로 매입한 소액 채권에 직접투자를 하는 편이 더 낫다. 이것조차 불안하다면, 눈을 해외주식으로 돌려 세계에서 가장 잘나가는 기업에 투자하는 것도 좋다. 소위 4차산업혁명을 이끄는 미국의 독점적 기업들이다. 국내 최고인 삼성전자보다 더 안정적인 주식들이다. 그러면서 4차산업혁명의 수혜를 고스란히 받게 되는 주식들이 많다. 관련 도서나 자료만 찾아봐도 어떤 종목인지 금방 알 수 있다. 결국 투자는 자신이 직접 리스크를 안고 투자하는 것이 정석이다.

말로는 이렇게 쉽게 얘기할 수 있지만 직접투자 경험이 없는 사람의 입장에서 자신이 투자의 주체가 된다는 것이 여전히 어렵고 두려운 것이 사실이다. 그러나 이는 어렵고 쉽고의 문제가 아니라 경험의 문제다. 모르는 길을 가는 것이 두려운 까닭은 그 길의 지형을 모르기 때문이지 그 길에 반드시 난코스가 있기 때문은 아니다.

은행예금 금리 1% 시대다. 펀드 회사들은 이제 간접투자의 시대가 왔다고 말한다. 그러나 간접투자의 대표적 상품인 펀드상품들이 시장 평균을 웃도는 수익률을 낸 적이 없다는 사실을 기억하라. 간접투자는 수익률의 손실이 발생해도 수수료는 꼬박꼬박 내야 한다. 당신은 박애주의자가 아니다. 투자를 한다면 최소한 시장평균 이상의 수익률을 기대할 수 있어야 한다. 이런 상품에 왜 투자를 하는가. 간접투자는 수수료만 날리는 구조다. 따라서 저금리 시대일수록 적극적으로 직접투자에 나서야 한다. 지금으로서는 임대주택에 투자해 월세를 받는 것만큼 안정적이고 상대적으로 높은 수익률은 받는 상품이 없다. 또 소유하고 있는 임대주택을 레버리지를 이용하여 한 채를 더 매입하면 그 수익률은 배가 된다. 그리고 매월 발생하는 월세의 일부를 저축하듯이 주식에 투자하면 주식투자의 위험은 낮추고 기대수익은 높일 수 있다.

3

불편함을 감수하라.
간접투자를 벗어나 '직접' 투자하라

대부분의 사람들은 금융상품에 투자할 시 간접투자에 의존한다. 은행의 신탁형 상품, 변액보험, 펀드상품 등으로 이렇게 수수료를 내고 간접투자를 하는 경우 그 수익률이 적어도 시장평균 수익률보다 높게 나와야 하는데 현실은 그렇지 않다. **간접투자에 목을 맬 이유도 필요도 없다.**

나는 가끔 편의점과 동네 슈퍼마켓의 차이에 대해 생각하곤 한다. 내가 즐겨 마시는 캔커피, 콜라, 초콜릿 같은 식품들은 슈퍼마켓과 편의점의 가격에 차이가 많이 난다. 같은 회사 제품임에도 불구하고 편의점 가격이 슈퍼마켓 가격보다 20% 정도는 비싼 것 같다. 그런데도 이 식품들을 편의점에서 소비하는 사람들은 '도대체 무슨 생각일까'라는 심정이다. 아마도 개인적인 취향, 익숙한 소비습관 등에 이유가 있을 것이다. 그런데 만약 소비의 결과, 몇천원이 아닌 수십

만원 이상의 차이가 난다 해도 이런 선택을 할까? 안타깝지만 많은 사람들이 이런 선택을 하고 있다.

우리는 단지 편리하다는 이유만으로 비용은 생각하지 않고 소비를 한다. 이런 습관은 우리의 생명줄 같은 돈을 투자하는 일에도 그대로 이어진다.

겨우 집에서 먹을 찬거리를 도매시장에서 산다면 배보다 배꼽이 더 클 수 있다. 그러나 매일 먹는 찬거리도 일주일 치 이상을 한 번에 구입하는 소비습관을 들이면, 이동거리에 따르는 비용을 제외해도 도매시장에 가는 것이 이익이다. 이렇게 소비습관을 바꾸면 발품을 팔아야 하는 수고로움은 있지만 그 대가로 신선한 식품을 더 싼 가격으로 살 수 있어 기회비용 면에서 유리하다.

소매금융의 대표격인 금융회사가 바로 은행이다. 은행에 가면 송금, 각종 공과금 납부에서 금융상품 투자에 이르기까지 한 곳에서 원스톱 쇼핑 금융거래가 가능하다. 이런 편리한 점 때문에 우리는 은행에서 거의 모든 금융거래를 한다.

그러나 한번 생각해 보자. 우리가 소비하는 상품이 가격이 얼마되지 않는 생필품이 아니라 이보다 최소 수백 배, 수천 배가 넘는 금융상품 투자라면 그래도 은행 거래를 고집할 것인가? 은행의 금융상품은 예적금 상품을 제외한 거의 모든 신탁, 연금, 방카슈랑스, 펀드에 이르기까지 상품에 투자하는 대가로 일정액의 수수료를 만기까지 꼬박꼬박 내야 한다. 이 수수료는 투자손실이 발생해도 내야 한다.

수수료를 내고서라도 투자이익이 높으면 모를까, 그렇지 않은 경우 과연 이런 금융거래를 할 이유가 있는지 생각해 보지 않을 수 없다.

은행의 신탁상품은 주로 국공채, 우량 회사채로 자산을 운용한다. 그렇다면 증권사에서 판매하는 소액채권에 직접 투자하면 될 것을 익숙하고 편리하다는 이유만으로 이런 선택을 하는 것이 경제적으로 올바른가. 증권사에 가서 채권에 투자하는 경우 수수료도 없으며 신용등급에 따라 다양한 수익률의 채권상품에 투자할 수도 있다. 사람들은 금리가 낮다는 말만 하지 이런 환경에서 조차 어떻게 하면 이자 1%라도 더 받을 수 있을지에 대해서는 관심도 노력도 기울이지 않는다.

임대주택 투자는 간접 투자하는 은행권 펀드상품과 비교해 거래가 불편하다. 본인이 직접 나서서 매물도 찾아야 하고 물건을 매입했다고 해도 임차인을 직접 구하는 수고를 해야 매월 안정적인 월세를 받을 수 있다. 불편하다. **그러나 그 불편함의 대가가 은행상품을 선택했을 때 받을 수 있는 이자의 10배가 된다면 아무리 불편하더라도 발품을 파는 수고를 아끼지 말아야 할 것 아닌가?**

현재 우리가 가장 많이 소비하는 은행과 보험사의 저축, 연금상품은 거래가 편리하다는 이유로 일정액의 수수료 사업비를 내야 한다. 금리가 1%대인 시대에 이 수수료와 사업비는 투자원금의 최소 1%

에서 7%에 이른다. 이런 투자를 매번 반복하면서 금리 탓만 하고 있을 것인가. 투자환경이 어려워졌다면 더 노력해 위기상황을 적극적으로 돌파하는 것이 맞지, 자포자기하는 일은 스스로 미래의 희망을 포기하는 것과 같다. 저금리, 내수경기 불황이라고 모두 불만만 표출하고 있는 시간에도 그 누군가는 더 많은 돈을 벌고 희망찬 미래를 향해 뚜벅뚜벅 정진하는 삶을 산다.

자신의 돈을 남의 말에 의존해 투자하는 사람은 절대 부자가 될 수 없다. 당신이 의지하는 그들이 그렇게 능력이 뛰어나다면 전업투자자로 나설 것이지 왜 당신의 주머니를 노리겠는가.

4

젊은이들의 생활패턴을 알면,
부동산의 미래가 보인다

새벽에 남산에 올라 서울 시내를 바라보면 보이는 불빛은 교회 십자가뿐이다. 그만큼 서울에 교회가 많다는 얘기다. 그런데 요즘은 교회 십자가 불빛만큼 많은 것이 고시원 간판일 정도로 고시원이 급증했다. 여기서 드는 의문 한 가지. 사법고시도 폐지되어 고시 공부하는 사람들이 줄고 있다는데 왜 고시원 간판은 늘어나기만 할까? 고시원에 고시생이 없다면 과연 누가 사는가?

요즘 고시원에는 고시생이 없다. 물론 고시생들이 전혀 없다고는 말을 못한다. 그러나 전체 고시원 거주자들 중 고시생들의 비중은 미미한 수준이다. 전국적으로 고시원(고시텔)이 2만여 개가 넘고, 지금도 그 수가 계속 늘고 있기 때문에 정확한 숫자를 파악하기도 쉽지 않다. 그 중 70%가 서울을 비롯한 수도권에 있다. 수도권의 집값이 비싸기는 한가 보다. 그러니 고시원에 거주하는 사람이 계속 늘고 있는 것일 게다. 그런데 사람들이 잘못 알고 있는 것 중 하나가 고시원에 가난한 독신자들만 살고 있다는 생각이다. 요즘 고시원은 시설이 천차만별이고 위치에 따라 가격이 웬만한 임대주택의 월세보다 높은 곳도 많다.

서울 강남이나 신촌의 샤워실과 화장실을 갖춘 원룸형 고시원의 경우, 월세 50만원은 보통이고 60~70만원이 넘는 곳도 적지 않다. 강남역이나 사당역 역세권, 대학가의 원룸형 고시원도 월세 40만원이 넘는다. 일반 원룸이나 소형 오피스텔의 임대료와 맞먹는 가격이다.

왜 그들은 그 돈으로 개인의 프라이버시가 보장되는 원룸, 오피스텔에 살지 않고 고시원에 사는 걸까. **독신자의 속성 중 하나는 현대판 노마드의 기질이 다분하다는 것인데, 언제든 이동이 가능하고 몸만 들어가면 곧바로 큰 불편 없이 살 수 있는 주거공간을 선호하기 때문이다.** 이 영향으로 요즘 독신자를 대상으로 하는 원룸, 오피스텔 대부분은 주거에 필요한 세탁기, 냉장고, 인터넷, 주방기구 등 거의 모든 편의시설이 완벽하게 풀옵션으로 구비되어 있다. 이제 독신자를 위한 임대주택도 고객만족서비스가 없으면 고사하는 시대다.

독신가구도 비약적으로 늘면서 생활하기 편하고 이동이 자유로운 임대주택을 선호하는 사람도 크게 증가했다. 주거에 필요한 옵션이 완벽히 준비되어 있는 원룸, 오피스텔, 고시원에 경제적으로 가난한 사람들이 거주한다고 생각하는 것은 실상을 잘 모르는 말이다.

원룸은 다가구를 개조한 임대전용 집합건물이다. 원룸의 범위를 확장시키면, 고시원·다중주택·주거용오피스텔 등 독신가구를 대상으로 하는 임대주택을 모두 포함하는 개념이라고 보면 된다. 이러한 주거시설을 보통 '스튜디오 주택'이라고 부른다. 스튜디오 주택은 미국 뉴욕 독신가구의 보편적인 주거 형태로 우리나라 식으로 표현하면 원룸이다. 즉, 방 하나에 부엌과 화장실이 다 있는 주거공간을 말한다. 따라서 스튜디오 주택은 이런 형태를 갖고 있는 주택의 형태를 총칭한다고 할 수 있다. 스튜디오 주택으로는 다가구를 개조한 집단건물 형태인 원룸이 있고, 주거시설이 한 곳에 모여 있는 주거용오피스텔 그리고 이를 변형한 형태인 고시텔, 셰어하우스 등이 포함된다고 보면 된다.

요즘 들어 많은 사람들이 하는 말 중 하나가 "돈도 없지만, 돈이 있어도 투자할 곳이 마땅치 않다"는 것이다. 그렇다. 지금의 금리 수준으로는 정말 투자할 곳이 마땅치 않다. 내수경기 불황으로 소비지출이 감소하면서 상가 경기도 예전 같지 않다. 정말 돈이 있어도 투자할 곳이 없는 게 사실이다.

우리나라의 독신가구 비율은 최근 몇 년 사이 급증해 왔다. 그러나 선진국 수준에 이르려면 아직도 멀었다. 독신자들이 가난하다는 생각은 편견일 수 있다. 그렇지만 독신가구의 평균소득이 도시가구의 평균소득보다 낮은 것은 사실이다. 독신가구의 많은 비중을 차지하는 20~30대는 사회적으로 돈을 축적할 여유도 없고 평균소득도 낮다. 그들을 현대판 노마드라고 부르는 이유는 일자리를 찾아 이 도시 저 도시를 떠돌기 때문이다.

그들에게 기존의 주택은 맞지 않는 옷이고, 가격대는 쳐다보지 못할 정도로 높다. 이 같은 이유들로 그들의 라이프사이클에 맞고 임대료가 상대적으로 저렴한 주택이 바로 독신가구를 위한 임대주택인 것이다.

그런데 상대적으로 저렴한 주택인 줄 알았던 독신가구를 위한 임대주택이 이제 그들의 소득을 감안할 때 결코 저렴하지 않게 되었다. 시내 중심가에서 다소 벗어난 겨우 몸 하나 누울 수 있는 2~3평 남짓한 고시원 방 한 칸이, 그 안에 화장실이 있다는 이유로 월 임대료 40만원이 넘는다. 강남은 더하다. 임대료로 월 60~70만원을 내도 좁은 방에서 벗어나기 어렵다. 대학가 주변의 낡은 다가구를 개조한 다섯 평 남짓한 원룸도 보증금 1,000만원에 월 임대료가 40~60만원인 곳이 수두룩하다.

다가구원룸주택은 돈이 된다. 그러나 돈 없는 사람이 이들 주택에 투자하기는 어렵다. 원룸은 다가구의 집합건물을 통째로 매입해 운용해야 하기 때문에, 소액으로 투자할 수 있는 물건이 아니다. 고시원도 마찬가지다. 30실 이상의 규모를 가진 고시원은 아무리 변두리 외곽지역이라고 해도 시설비용까지 합치면 3~4억원이 훌쩍 넘기 때문이다.

최근에 금전적으로 여유가 있는 퇴직자들이 위험천만한 창업시장에 뛰어드는 대신 너나 할 것 없이 고시원이나 원룸 시장에 뛰어드는 이유가 바로 여기에 있다. 고시원이나 원룸이 돈이 된다는 사실은 다 알고 있지만, 권리금이나 시설보수 비용 등을 감안하면 최소 투자비용이 3억원 이상 있어야 하는데, 이 정도 여유자금이 있는 사람은 그리 많지가 않다. 그래서 그 대안을 독신자를 위한 스튜디오 주택 중에서 소액투자가 가능하고 관리가 쉬우면서 매매차익도 노려볼 수 있는, 그리고 무엇보다 레버리지 효과까지 얻을 수 있는 저가의 소형오피스텔이다.

수익성부동산이 돈 되는 것은 알고 있으나 투자금이 부족해 감히 엄두를 못 냈던 사람들에게 저가 소형오피스텔은 기회다. 저가 소형오피스텔은 3년 전과 비교해 지역적 차이가 있겠으나 10%에서 20% 이상 오른 곳이 대부분이다. 그리고 아직도 수원시 인계동, 부천 중동신도시, 시흥시 정왕동, 안산시 고잔 지구, 인천 구월동 등지에는 1억원 이내에서 투자 가능한 경제성 있는 물건이 많이 남아 있다.

5

투자의 가장 좋은 선생은
시장이다

될 성 싶은 상품은 초기에 투자해야 선점의 효과가 있다. 될 성 싶은 상품이 무엇인지 미래에 대한 혜안이 부족한 우리로서는 알 길이 없지만 후발로 투자한다 해도 가능한 빨리 행동으로 옮겨야 그나마 남은 떡 고물이라도 나눠 먹을 수 있다.

만약 당신의 원룸투자가 10년만 빨랐더라면, 아니 남보다 5년이라도 빨리 투자했다면 지금 투자를 하는 것보다 더 많은 수익을 만들어 냈을 것이다. 그래서 투자는 기회를 잘 살려야 하는 것이다.

내가 소형 임대주택에 대한 경제적 가치를 알아보고 투자를 생각했던 시점이 벌써 10년 전이다. 그 당시는 부동산 버블이 터지기 직전으로 부동산이 급락하여 터닝포인트 되던 시점이었다. 그런데 시장 분위기에 역행해 서울 곳곳에서 다가구 원룸 신축이 붐을 이루고 있었다.

밀림에서는 개미의 이동을 보고 소낙비가 올 것을 예상하고 이에 대비한다고 한다. 투자시장도 마찬가지다. 누가 가르쳐 주지 않아도 현장에 있는 사람은 언론보도로 정보가 대중화되기 전에 이미 어떤 것이 돈이 되는지를 알고 먼저 움직인다. 흡사 밀림 속의 개미들처럼. 우리가 언론매체를 통해 정보를 접하는 시점은 이미 그들이 선점의 효과를 독식하는 시점이다.

이런 생각으로 유추해보면 지금 원룸에 투자하는 것은 때 늦은 결정일 수 있다. 그러나 이 시장은 아직까지는 공급과 비례해 수요층이 증가하는 선순환구조가 지속되고 있고 저금리로 인해 상대적 수익률은 오히려 높아지고 있다. 임대주택은 내수절벽이라는 침체된 경기흐름에서 유일하게 개인의 가처분소득을 늘려주는 상품이다.

그래도 더 늦춰서는 안 된다. 시작이 반이라고 지금부터라도 등에 봇짐 지고 미친 듯이 발품을 팔아 내 투자금에 맞는 물건을 적극적으로 찾아나서야 한다. 투자물건이 오피스텔이든 다가구 원룸이 됐든 말이다.

임대주택의 투자 장점은 보유 기간 중에 매월 받는 월세는 복리로 체증되는 효과가 있고, 일정 기간 보유 후 매각하면 시세차익도 가능하다는 점이다. 따라서 보유 기간 동안의 수익은 또 다른 시세차익으로 생각하게 된다. 즉 오래 보유할수록 시세차익도 체증되는 구조다.

전국적으로 독신가구의 증가로 임대주택의 수요는 꾸준히 증가하고 있다. 전국적으로 대학가 역세권 준주거지역의 주택이 대부분 원룸주택으로 개조되고 있는 배경이기도 하다.

투자상품은 무엇이 됐든 수요와 공급에서 일시적인 미스 매칭이 있기 마련이고, 이 영향으로 단기적인 가격변동은 필연적이다. 원룸주택은 수요층이 꾸준히 증가하는 중이므로 장기적으로 매매가와 임대가가 오른다는 생각으로 투자를 머뭇거릴 이유가 없다.

당신이 현명한 투자자라면 발생하지도 않은 공실률을 걱정하는 시간에 임차인이 편안하게 거주할 수 있도록 차별적 요소를 도입하여 위기가 발생하는 일 자체를 없애는 노력을 해야 한다.

수도권 오피스텔 평균 임대수익률(단위,%)

인천	7.04
경기	6.08
서울	5.54

(자료, KB국민은행)

고민은 잠시 잊고 수도권 오피스텔 평균 임대수익률을 보라. 은행 정기예금 금리와 비교해 5배다. 이것은 평균수익률이다. 운용을 잘하는 사람은 그 이상의 수익률도 가능하다는 얘기다. 무엇이 됐든 독신가구를 위한 임대부동산은 독신가구의 소득을 감안해 볼 때 서울 핵심권역으로부터 멀어질수록, 저가의 소형 부동산일수록 임대회전율, 임대수익률이 비례해서 높아진다. 그러니까 서울 강남 3구 내에 있는 오피스텔보다 저가의 소형 오피스텔 대단지가 몰려 있는 수원시, 시흥시, 안산시, 인천시 등의 수도권 외곽지역과 부천의 중동신도시, 고양시의 일산신도시 내 오피스텔의 임대수익률이 서울 강남권 마포신촌 지역보다 높다.

부동산은 동일 상품이라도 지역적 차이에서 오는 경제성에서 큰 차이가 있다. 이 차이를 극복하려면 남들보다 더 발품을 팔아야 한다. 이는 노력으로 극복하는 수밖에 없다.

6

시장은 넓고
투자할 곳은 많다

지금의 투자환경 아래에서 "시장은 넓고 투자할 곳은 많다"고 말할 수 있는 상품은 임대주택이 유일하다. "임대주택 시장은 넓고 투자할 곳은 많다." 직접 시장조사를 해본 곳 중에서도 경제성이 담보되는 지역만 수십 곳이 넘는다.

전국적으로 임대주택이 대규모 밀집되어 있는 곳 중에서 매매가는 너무 높은 반면 수익률은 크게 떨어지는 서울의 역세권과 대학가 일대의 신축건물은 제외하고 여전히 경제성이 담보되는 지역을 중심으로 정리해보면 수도권에서는 고양시 화정, 백석, 장항 정발산동 일대, 성남시의 수정구 수진구 구도심권, 분당신도시의 야탑, 수내, 미금, 구미동 일대, 수원시 인계동, 영통, 광교신도시, 시흥시 정왕동, 안산시 고잔 지구 중앙대 안성캠퍼스 후문 오피스텔 단지, 인천 연수지구 구월동, 부천의 중동신도시 등이다.

전국적으로 어느 지역이나 대학가는 대규모로 다가구 원룸촌이 형성되어 있다. 사회적으로 독신가구가 급증하고 있고, 전세가 폭등으로 대체 주거공간을 찾으려는 수요가 크게 늘고 있다. 이 흐름이 앞으로도 계속되리라고는 장담할 수는 없다. 그러나 분명한 사실은 실질소득을 늘려서 노후에 효자노릇을 할 투자상품을 찾는 사람, 당장 여유자금을 투자해 생활비를 마련해야 하는 퇴직자, 계속해서 가처분소득이 증가해야 하는 30대들에게 임대주택만큼 경제성 있는 상품이 현재는 없다는 것이다.

지금부터는 사회와 경제의 변화를 투자의 관점에서 살펴볼 것이다. 아래의 내용을 주의 깊게 읽으면 앞으로 당신의 투자방향을 정하는 데 도움이 될 것이다.

첫째, 독신가구가 급증하고 있다.

한때 부동산 버블이 붕괴되면서 부동산시장은 블랙홀이 되어버렸다. 그러나 시간이 지나면서 새로운 질서가 잡히는 것을 감지할 수 있게 되었다. 현재 부동산시장은 되는 것과 안 되는 것의 경계가 뚜렷해지고 있다. 이른바 디커플링Decoupling 현상이 그것이다. 부동산시장에서의 디커플링 현상은 수요와 공급, 니즈의 변화 등 내부적 변동요인보다는 외부적인 요인에 크게 영향을 받고 있다. 바로 인구변동이다.

최근 들어 임대주택이나 소형아파트가 인기 있는 이유는 이러한 주택이 편리하거나 쾌적해서가 아니라 독신가구가 급격히 늘어남에 따라 이들 주택을 찾는 수요가 급증했기 때문이다. 이들 주택은 대규모의 공급이 이루어지고 있음에도 불구하고 안정적인 경제성을 유지하고 있다. 그만큼 공급에 비해 수요가 늘었기 때문이다. 한국형 스튜디오 주택이라고 하는 오피스텔, 원룸 등이 공급과잉을 우려할 정도인데도 수익성에는 큰 변화가 없는 이유도 독신가구가 예상보다 크게 증가하기 때문이다.

둘째, 감속경제 시대로 진입했다.

내수경기의 침체에도 불구하고 홈쇼핑, 교육, 게임 등 인터넷업체의 주가가 건재한 이유는 개인의 가처분소득이 줄면서 외출을 자제하고 방 안에서 뭐든 해결하려는 경향이 크기 때문이다. 서민들이 선호하는 대표적인 음식인 자장면의 가격파괴가 거의 모든 지역에서 일어나고 있는데, 이 역시 소득이 줄면 품질보다 가격에 민감하게 반응하는 소비트렌드의 영향을 받고 있기 때문이다. 감속경제의 시대에는 과거 주택시장을 주도했던 중·대형 아파트가 다시 과거의 영광을 재연하기는 어려울 것이다. 이는 수요·공급의 문제 때문만은 아니다. 중·대형 아파트는 '고정비 덩어리'라고 할 정도로 관리비용이 만만치 않기 때문에, 불황기의 가계에 적잖은 부담으로 작용한다. 그런 이유로 상대적으로 관리비용이 적은 소형주택의 인기가 계속되고 있다.

계층 간 소득 양극화의 영향으로 이제 한국에는 럭셔리 시장과 초저가 시장만이 존재하게 되었다. 소득에 가장 민감한 의류나 가방만 봐도 그렇다. 압구정동 갤러리아 백화점의 명품관은 연일 고객으로 넘쳐난다.

반면 저가시장도 성황을 이루고 있다. 재래시장 어디를 가도 파격적인 가격할인표가 붙지 않은 곳이 없다. 중저가브랜드는 신제품을 출시하자마자 대규모 할인행사를 벌인다. 아웃도어시장이 커지면서 의류 한 벌에 수십만원을 호가하는 고가 의류도 잘 팔리지만, 1~3만원대의 저렴한 옷을 파는 가게들도 사람들로 성황을 이루고 있다.

오피스텔시장도 마찬가지다. 럭셔리의 대명사격인 강남 오피스텔도 있지만 월세 40~50만원대의 소형오피스텔도 많다. 중간지대가 없는 양 극단만 존재하는 시장, 이것이 현실이다.

셋째, 더 견고해진 수도권 집중 현상.

한때 부산, 대전 등 지방에서는 미분양 물건이 빠르게 해소되고 신규분양 청약률도 높았다. 이를 두고 부동산경기가 지방부터 서서히 달아오르는 것 아니냐는 시각이 있었다. 이는 부동산 버블기에 수도권에 비해 지독히 저평가되어 있던 지방부동산이 침체기를 틈타 간극을 줄이는 것이지 대세 상승과는 한참 거리가 있다.

노무현정부의 국토균형개발계획이 무참히 깨지면서 지방 부동산 시장은 사실상 희망이 사라졌다. 천안만 벗어나도 내수경기가 얼마나 침체되어 있는지 금세 알 수 있다. KTX를 이용하면 한 시간 내에 서울역에 도착하는 대전광역시만 가도 그 느낌이 확실히 다가온다.

서울을 비롯한 수도권 지역의 부동산은 부동산시장을 주도한다. 수도권에서 가장 낙후된 지역으로 평가되는 경기 서남권의 안산, 시흥, 동북권의 양주, 동두천, 의정부, 남양주 지역의 아파트 시세도 주요 광역시 아파트의 평균 매매가보다 높다.

아파트만 해당되는 것이 아니다. 1인 독신가구를 위한 스튜디오 주택 역시 지역을 불문하고 수도권이 지방권에 비해 임대수요가 풍부하다. 모두 수도권 집중현상 때문이다. 지방에서 대학을 졸업해도 지역 내에서 일자리를 찾지 못하고 수도권으로 올라오는 청년인구가 계속 증가하고 있다. 수도권 집중현상이 해소되지 않는 한, 수도권과 지방의 격차는 절대로 좁혀질 수 없다.

국토의 종심이 짧고 고속철도를 이용하면 전국이 1일 생활권인 나라에서 수도권과 지방 간의 격차는 더 커져만 간다. 수도권 전철 생활권 내에서도 경기 수원 영통, 화성 동탄 신도시와 천안 아산시의 부동산시장 가격 차이는 점점 벌어진다. 망국병이라는 수도권 집중현상은 앞으로도 더 심해질 것이다.

7

임대주택 투자, 서비스마인드만 갖춘다면
초보자에게도 황금알을 낳는 거위

21세기 들어와 글로벌 IT기업을 대표하는 기업은 구글, 페이스북, 애플 등이다. 하지만 20세기 중반 이후 IT기업의 대표주자는 단연 IBM이었다. IBM은 20세기 IT기업의 표준이었고 절대군주나 다름없었다. 이런 IBM이 어느 시점부터 그들이 생산한 제품들이 시장에서 사라지는 형국을 맞게 되었다. 그동안 거침없는 성장을 해온 IBM의 경영자들은 당황할 수밖에 없었다. 도대체 왜, 그들에게 무슨 일이 있었던 걸까?

IBM의 사훈은 한 단어로 표현한다면 'Think'였다. 이를 해석해 보자면, 시장은 이러이러 하니 우리가 목표를 설정하고 가면 시장은 따라올 것이라는 내용의 함축적 표현이다. 즉 그들은 소비자의 소리에 귀 기울이는 대신 시장을 가르치려 했기 때문에 무너진 것이었다. 이를 깨닫게 된 IBM은 솔루션을 찾기 시작했다. 이 솔루션을 또 한마디로 표현한다면 'Listen'이다. 이 단어에는 소비자는 항상 옳으니 우리는 소비자의 요구에 충실히 따라야 한다는 의미가 있다. 즉 IBM은 소비자에 대한 사고의 전환을 함으로써 경영위기를 극복하고 다시 예전의 영광을 회복해 나가고 있다.

이 말을 꺼낸 이유는, 사업은 그것이 스몰 비즈니스건 빅 비즈니스건 소비자를 대하는 방식은 고객의 요구에 충실히 따라야 한다는 점에서는 같다는 얘기를 강조하기 위해서다. 이는 개인이 임대주택 사업자를 내고 임대주택사업을 하는 것에서도 똑같이 적용된다. 현재 임대주택 사업은 임대사업자의 증가로 사업의 경제성이 위축되고 있다. 그런데 우리는 어떤가? 여전히 구태의연하게 세입자에게 갑질 중이다. 나의 욕심만 앞세우고 임차인의 얘기는 무시한다. 네가 아니어도 들어올 사람은 많다는 과거의 생각에만 사로잡혀 있다. 그러다 공실 폭탄을 맞으면 그때서야 대책을 세우지도 못하고 허둥댄다. 갑질에 익숙한 사람이 어찌 한 순간에 변하겠는가. 진정성이 결여된 수사적 표현만으로 고객의 마음을 사로잡을 수는 없다.

이는 어느 업종이나 똑같다. 임대주택사업자가 크게 늘었다고 해도 공실을 크게 염려하지 않아도 되는 이유도 바로 여기에 있다. 자신의 욕심만 앞세우고 세입자의 소리에는 귀 기울이지 않는 서비스 정신이 바닥인 임대사업자들이 너무 많기 때문이다. 내가 임대주택에 처음 투자하는 사람들에게 두려워 할 필요가 없다고 감히 말할 수 있는 자신감은 이런 시장의 분위기를 너무 잘 알기 때문이다.

세입자의 요구를 진정으로 귀담아 듣고 이를 실천에 옮기는 진정성 있는 서비스마인드만 갖춘다면 임대주택투자는 초보자에게도 여전히 황금알을 낳는 거위다.

여성 남성 연령 직업별로 니즈가 다 다르고 그들을 대우하는 방식도 달라야 한다. 그리고 내가 집주인이라고 해서 주인노릇을 하려고 하면 이는 시대착오적이다. 지금의 세입자들은 과거처럼 내 집 방한 칸을 빌려 사는 사람들이 아니다. 정식으로 계약서를 쓰고 이 내용이 지켜지지 않으면 바로 컴플레인을 하고 법적 조치를 강구할 정도로 똑똑한 사람들이다. 이러한 세입자를 최대한 만족시켜 이익을 영구화하기 위해서는 임대인의 마음자세도 바뀌어야 한다.

시장을 가르치려 하지 말고 시장의 니즈에 따라야 성공한다는 말은 수도 없이 들었다. 그러나 훈련되지 않은 사람들은 이것이 쉽지 않다. 사업은 아주 사소한 일이라도 정성을 다해야 살아남는다.

8

진화를 거듭하는 임대주택,
셰어하우스가 뜬다

인간은 본래 동물의 탐욕적 본성을 타고 났다. 하지만 이 탐욕이 긍정의 효과를 보이는 사례가 많다. 인간의 탐욕은 상상력과 창조성을 자극하여 눈부신 과학의 진보를 일구어냈다. 자연과학 분야에만 해당하는 이야기도 아니다. 인간은 돈을 매개로 한 다양한 상품까지도 진화시키는 존재다. 그리하여 인간은 기업이 상거래를 통해 받은 매출채권, 금융회사의 담보채권을 유동화 하여 자산유동화증권, 기업어음, 후순위채권 등 다양한 상품을 만들어 냈으며, 그밖에 다양한 금융기법들을 진화시켜왔다. 이러한 인간의 본성은 스튜디오 주택까지 영향을 미쳐 다양한 수익모델을 만들어 내고 있다.

스튜디오 주택은 한 공간에 모든 주거시설이 모여 있는 독신자용 원룸주택이다. 여기에 해당하는 주택은 다가구주택, 다중주택, 주거용 소형오피스텔, 고시텔 등이다. 그런데 최근 들어 한 공간을 다수의 사람이 공유하는 개념의 원룸주택이 투자자들의 관심을 끌고 있다. 이른바 '셰어하우스'다. 셰어하우스는 단일 공간에서 주거시설을 공유한다는 점에서 고시텔과 유사하다. 그러나 고시텔의 경우 주거시설을 공유하는 대신 각자 개별적으로 독립된 공간에서 생활하는 다중주택의 개념이라면 셰어하우스는 여러 사람이 공동체 개념으로 함께 생활하는 주거형태다.

낯선 사람들이 모여 생활을 공유한다는 것은 쉽지 않은 일이다. 그래서 일종의 테마를 정하고 취미를 공유하는 사람을 모아 공동 생활하는 방식으로 세입자를 모으고 있다. 투자자 입장에서는 상대적으로 적은 공간에 많은 인원을 모을 수 있고 기존 주택을 빌려 재임대하는 형식으로 사업을 추진하기 때문에 투자금이 많지 않아도 된다는 점에서 매력적이다.

셰어하우스를 목표로 일정 면적이 충족되는 다세대, 연립주택을 매입하거나 전세로 얻어 재임대할 경우, 투자금 대비 수익률을 상당히 높일 수 있다. 셰어하우스가 독신가구의 새로운 주거시설이 되고 있다는 이야기가 언론을 통해 흘러나오고 있다. 최근 들어서는 급증하는 추세에 있다. 셰어하우스는 소득이 적은 독신자가 적은 비용으로 주방, 거실, 화장실을 공유하면서 월세를 줄이고, 무엇보다 혼자

사는 고독감을 탈피할 수 있다는 장점이 있다. 사생활이 공개된다는 약점에도 불구하고 셰어하우스를 택하는 사람의 수요가 적지 않다.

강남, 홍대 주변에서 프랜차이즈 형태로 운영중인 셰어하우스 업체들은 독신가구의 월세 저항선인 60만원 이상을 받는 곳들까지 있다. 이 업체들은 셰어하우스를 '사회초년생하우스,' '요리하우스,' '스포츠하우스,' '영화동호인하우스' 등의 테마로 구성하여 세입자를 유치하고 있고, 시장의 관심도 크다. 대략 방세는 두 달 치를 보증금으로 내고 월세는 50~60만원 수준이다. 관리비는 입주자가 똑같이 낸다. 여기에 관리직원 인건비, 사무수수료로 30만원 정도를 입주와 동시에 내야 한다. 셰어하우스 사업자들은 신축건물을 찾기보다 기존 다가구, 다세대, 단독주택, 아파트, 한옥 등을 전세로 빌려 인테리어를 갖추고 기본가구를 배치한다. 집주인 입장에서는 직접 세입자를 관리할 필요가 없고, 낡은 집을 일정 부분 개보수하기 때문에 이를 선호하는 사람도 있다.

인간이 만들어가는 세상에 진화하지 않는 것은 없다. 또 시장의 수요에 따라 새로운 상품이 등장하고 수요가 사라지면 사라지는 상품도 있다. 앞으로 임대주택이 어떻게 진화하고 발전할지 궁금하다.

9

열심히 일하고
똑똑하게 투자하라

퇴직 후 매월 받던 고정수입이 사라진다고 생각해 보라. 불안하고 답답할 것이다. 막상 그 시점이 닥치면 어떻게든 살아가겠지만, 이건 사는 게 아니라 살아지니까 사는 것일 뿐이다. 이런 순간을 피하기 위해 노후를 계획하고 준비하고 실천해 보자는 것이 아니겠는가? 청년들을 대상으로 강의를 할 때면 그들의 선배들이 예전에 내게 했던 질문을 똑같이 반복한다.

"선생님, 어떻게 해야 돈을 많이 벌 수 있나요?"

"어떻게 해야 부자가 될 수 있죠?"

이런 질문을 받을 때마다 나는 냉정하게 이야기한다.

"당장 그렇게 될 가능성은 거의 없어요. 혹시 모르죠. 로또에 당첨되거나 레버리지 효과가 아주 큰 선물옵션에 투자해서 대박을 친다면. 하지만 그런 일이 가능하지 않다는 것쯤은 알고 있겠죠. 인생에서 거저 얻어지는 건 없어요. 돈을 벌 수 있는 지름길은 자신의 가치를 키우는 겁니다. 그래서 청년들에게 자기계발 이상의 재테크는 없다고 말하는 거겠죠."

독자들 중에는 이미 퇴직을 하고 창업을 준비하는 사람도 있을 것이고, 직장에 근무하면서 퇴직 후를 위해 자금관리에 힘을 쏟는 사람도 있을 것이다. 경우야 사람마다 다르겠지만 노후에도 자신의 일을 하며 안정적으로 고정수익을 얻는 것이 가장 좋은 노후준비가 아닐까 싶다.

노후준비는 2가지 트랙으로 진행되어야 한다. 퇴직 후에도 계속 일하며 고정수익을 창출할 수 있도록 자기계발을 꾸준히 해야 하고, 소유자산은 관리를 잘해서 가처분소득을 늘려야 한다. 이렇게 두 개의 바퀴가 맞물려 돌아가야 노후준비가 수월해진다.

내 선배들 중에는 퇴직하고 60이 넘은 나이에도 예전 직장경험을 살려 왕성하게 사회활동을 하는 분들이 많다. 자연수명이 연장되어서인가? 자기관리를 잘한 사람은 60이 넘어서도 청춘이다. 손석희 앵커의 나이가 61살이라고 한다. 요즘 그가 진행하는 방송을 보고 있노라면 20년 전보다 더 성숙하고 노련해졌다는 느낌이 든다. 외모도 별반 변하지 않은 것 같다. 내 주위에도 그런 선배들이 많다. 건강관리를 잘하고 자기계발을 꾸준히 해서 퇴직 후에도 일할 수 있는 능력을 갖추는 것이 가장 훌륭한 노후준비다.

퇴직 후에도 건강관리를 잘하고 일이 있다면 또 일을 통해서 퇴직전의 월급의 절반이라도 받게 된다면 노후에 대한 부담을 크게 줄일 수 있다. 일을 통해 고정수입이 발생하고 여기에 연금, 자산운용을 통한 가처분소득이 더해지면 위험부담이 높아진 창업시장에 얼굴을 내밀지 않아도 안정적인 경제생활을 영위할 수 있다.

내가 아는 선배 중에는 대학에서 농학을 전공하고 외국계 제약회사에서 이사직을 끝으로 퇴직한 사람이 있다. 그는 50대 중반에 퇴직하자마자 미장일을 배워서 지금도 공사현장에서 현역으로 일하고 있다. 미장일은 나름의 전문성이 요구되기 때문에, 선배는 2년간 학원도 다니고 현장보조로 일하며 숙련공이 됐다.

사회경력도 있고 현역시절에 투자한 상가에서 나오는 임대수익도 있는 사람이 생전 해보지 않은 일, 그것도 몸을 쓰는 일을 한다는 건 쉽지 않은 선택이다. 남의 눈도 의식하지 않을 수 없다. 그러나 그 선배는 개의치 않고 스스로 자신의 노후를 개척했다. 그가 언제까지 그 일을 할 수 있을지는 모르겠으나 그 정도 용기를 낸 것만으로도 배울 점이 많다고 생각한다. 은퇴하고 나면 현역시절 때와 같은 일과 지위를 찾기 어렵다. 세상일 다 마음먹기에 달렸다.

자연수명이 80세를 넘어 100세 시대가 눈앞에 와 있다. 세상에서 가장 확실한 소득은 지속적인 근로소득의 연장이다. 세상의 먼지로 사라지는 그날까지 일을 손에서 놓지 않겠다는 생각으로 살자.

10

럭셔리아파트 vs. 초라한 오피스텔?

                서울 강남의 신축 오피스텔은 투자하고 싶어도 투자할 수 있는 사람이 별로 없다. 가격이 비싸기 때문이다. 그러나 슬퍼하지 말자. 강남 오피스텔투자의 경제성은 타 지역에 비해 현저히 떨어진다. 서울 강남의 논현동, 역삼동, 삼성동, 강남역 주변은 오피스텔 매매가와 월세가 전국에서 가장 높은 지역이다. 그러나 집주인 입장에서 보면 경제성이 있다고 말할 수 없다. 투자금액 대비 수익성이 형편없기 때문이다. 강남의 신축 오피스텔에 투자하라고 말하는 사람들은 시행사의 영업사원뿐이다. 그들도 먹고살아야 하니 어쩔 수 없는 노릇이다.

    앞에서의 오피스텔투자 논리는 강남의 아파트단지 내 상가에도 똑같이 적용된다. 잠실의 재건축단지 상가는 전국 최고의 분양가를 기록했지만, 입주가 끝난 지 5년이 지난 지금까지도 상권이 안정되지 않았다. 반면 젊은 부부가 많고 아이들 소리가 끊이지 않는 지어진 지 오래된 소형아파트 단지 내의 상가는 사람들로 연일 북적거린다. 상가는 낡고 허름해도 장사는 잘 된다. 중장년층이 많이 거주하는 중대형 아파트단지 내 상가는 어디를 가나 썰렁하다. 아이들 목소리가 거의 들리지 않으니 장사가 잘될 리 없다.

상가나 오피스텔은 매월 꾸준한 임대수익을 얻는 것이 목적이다. 여기에 시세차익은 덤이다. 아래는 최근 분양된 강남 소재 오피스텔의 수익률을 추정한 자료다.

분양가	3억 1,200만원
취득세	1,435만원
총 투자금	3억 2,635만원
연간 보증금	1,000만원
보증금 운용 이익	50만원
월 임대료	100만원
연간 임대료	1,200만원
총 임대수익	1,250만원(보증금 운용이익 50만원 포함)
연 수익률	3.8%

총 3억 2,635만원을 투자해서 연간 1,250만원을 벌었다. 수익률이 고작 3.8%고 이조차도 세전 수익률이다. 이런 투자를 하는 사람이 의외로 적지 않다. 시장조사를 전혀 하지 않고 투자한 것이라고 볼

수밖에 없다.

최근 오피스텔 분양이 늘고 있다. 돈은 돈이 되는 곳에 몰리게 되어 있으니 당연한 일이다. 그러나 문제가 있다. 땅값, 건축비 상승으로 분양가가 크게 상승했다. 이는 1급지로 갈수록 더 심하다. 강남부동산이 좋다는 것은 아이들도 다 아는 얘기다. 문제는 이곳의 수익성부동산이 경제성을 담보하지 못한다는 점이다.

오피스텔은 지은 지 10년 이상이 되어도 잘 관리한 곳은 사는 데 불편함이 없다. 꼭 신축을 고집할 필요가 없는 이유다. 역세권이 좋은 것을 모르는 바보도 없다. 그러나 서울 중심으로 접근하기 좋은 역세권은 투자금 대비 수익률이 생각보다 낮다. 직장인, 학생, 독신자를 주요 수요층으로 하는 주거용오피스텔은 임대료가 일정 수준을 넘어가면 수요층이 급격히 감소한다. 월세 60~70만원에 난방비 30만원을 감당할 수 있는 사람이 얼마나 되겠는가.

투자할 때 가장 경계할 점은 시장이 이러저러할 거라고 머리로만 생각하는 것이다. 오피스텔 한 채를 매입해 임대를 하더라도 세입자의 입장에서 고객을 상대한다는 태도를 가져야 한다.

"장사는 앞으로 남고 뒤로는 밑진다."

장사하는 사람들에게 흔히 듣는 이야기다. 이 말이 나온 원인을 잘 생각해 보면, 대부분 돈 관리에 소홀했기 때문이 아닌가 싶다. 돈이 들어오고 나가는 것만 잘 기록해 두어도, 원가를 분석하는 일에 큰 도움을 받는다. 그렇게 했다면 적어도 앞으로 남고 뒤로 밑진다는 이야기는 나올 수 없다. 오피스텔투자의 원가 계산은 그리 복잡하지 않다. 과학적으로 관리해야 전체적인 자산관리가 가능하다. 아래는 오피스텔 투자의 수익률 계산법이다.

분양가(매입가) : A

대출금 : B

대출금이자 : C

연간보증금 : D

연간임대료 : E

실투자금 : F(A-B-D)

연간예상수익 : G(E-C)

예상수익률 : H(G/F)

매매가가 1억원이고 분양 평수 60㎡인 오피스텔을 구입하면서 부족 금액 5,000만원을 금리 6%에 대출받았다고 가정하고 위의 계산법에 따라 연수익률을 구해 보자. 이 오피스텔의 임대조건은 보증금 1,000만원에 임대료는 70만원이다. 이 정도 임대조건이면 위 조건에서 1,000만원에서 2,000만원 정도의 오차는 발생할 수 있다.

실투자금(F) = 1억원(A) - 5,000만원(B) - 1,000만원(D) = 4,000만원

연간예상수익(G) = 840만원(E) - 300만원(C) = 540만원

예상수익률$_{(H)}$ = 540만원$_{(G)}$/4,000만원$_{(F)}$ = 13.5%

계산식에 동원된 데이터가 정확하다고는 할 수 없겠지만 크게 벗어나지도 않는다. 이는 지역의 부동산중개소를 직접 방문해 현황을 실시간으로 확인하면 바로 알 수 있는 내용이다. 또 여기에는 매월 받는 월세를 투자해 얻는 수익 부분이 빠져 있다. 매월 받는 월세를 가지고 적립식펀드처럼 주식을 살 수도 있고 소액 채권저축에 투자할 수도 있다. 이렇게 운용하면 수익률은 체증된다.

금리를 알면 투자가 보인다. 이 말대로 금리가 낮으니 생전 주식과 담을 쌓고 살던 사람들까지 주식시장을 기웃거리고 임대주택시장은 성황을 이루고 있다. 주식시장은 종목 간 주가 양극화가 심해 소액 투자자는 상승하는 장에서도 손해를 보기 일쑤지만 임대주택시장은 상대적으로 안정적인 수익을 얻고 있다. 그렇다면 여유자금을 갖고 우선적으로 임대주택에 투자해 월세를 안정적으로 받고 이 돈으로 주식에 적금 들듯이 꾸준히 매입하는 방법으로 투자하면 어느 시점에 가서 내가 매입한 주식의 주가가 고점을 찍는 시점에 매도를 해 높은 수익을 얻을 가능성이 커진다. 직접주식에 투자하는 경우 손절매의 결정권은 내가 가진다.

11

합법적으로
세금 줄이는 법

오피스텔은 수익성부동산 범위에 들어간다. 따라서 당연히 소득세를 내야 한다. 임대소득은 금융소득처럼 다른 소득과 합산해서 세금이 부과되는 종합소득세 과세 대상이다. 임대소득에 따라 적용되는 소득세율은 6.6%~38.5%다. 다른 소득이 많을수록 소득세율이 높게 적용된다. 다른 소득, 이를테면 급여소득, 사업소득, 이전소득이 많을수록 소득세율이 올라가기 때문에 다른 소득이 많은 사람은 사전에 세무사를 통해 세무조정을 할 필요가 있다.

세금을 덜 내기 위해 금융 종합과세 해당자는 소득이 없는 사람의 명의를 빌려 투자하는 것이 유리하다고 말하는 경우가 있는데, 이는 도덕적인 방법이 아니다. 금융 종합과세는 부부합산으로 계산되는데 다른 사람 명의를 빌리는 것은 결국 이해관계 없는 제3자 명의로

하는 것으로 불법이다. 자본주의에서 가장 나쁜 도둑이 세금 도둑이라는 말이 있다. 높은 소득세율이 적용될 정도로 돈이 많은 사람은 세금도 많이 내야 한다.

구더기 무서워서 장 못 담근다는 말이 있다. 임대사업소득이 연간 2,000만원 이하인 사람이 "세금이 무서워서 투자를 못하겠다"고 말하는 것은 걱정하지 않아도 될 일을 사서 걱정하는 꼴이나 마찬가지다. 다가구 건물을 통째로 매입해서 임대사업을 하는 사람들은 이미 자산의 여유가 있는 사람들이고, 그 정도 투자할 여력이 있다는 것은 사업 마인드가 충분한 사람들로 합법적으로 절세하는 방법에 대해 잘 알고 있을 것이다. 따라서 여기서는 저가의 소형오피스텔 투자자 위주로 취득세, 등록세 그리고 임대사업에서 발생하는 소득세에 대해 알아볼 것이다.

먼저 취득세다. 오피스텔은 매입 시 취득세 4%, 농어촌특별세 0.2%, 지방교육세 0.4%를 합쳐 매매가격(분양가)의 4.6%를 세금으로 내야 한다. 그러나 소유주 본인이나 가족들이 거주하지 않고 임대주택으로 등록할 경우에는 세금감면 혜택을 받을 수 있다. 오피스텔 취득세를 면제받기 위해서는 전용면적 60m² 이하의 오피스텔을 분양받거나 주택임대사업자로 등록하고 임대사업을 하면 된다.

임대주택으로 등록 시 세금감면 혜택(자료, 국토교통부)

1세대일지라도 오피스텔을 임대하는 경우에는 임대소득이 발생하기 때문에 임대사업자등록을 하는 것이 원칙이다. 임대사업자등록을 하지 않고 임대사업을 하는 경우에는 오피스텔이 주택에 포함되지는 않지만, 사업자등록 없이 임대를 할 경우에는 1가구 2주택으로 간주된다는 점도 알고 있어야 한다. 오피스텔 임대는 업무용이냐 주거용이냐에 따라 세금감면 혜택이 달라지기 때문에 1세대만 할 것인가 2세대 이상 임대할 것인가를 빨리 정하고 사업자등록을 선택해야 한다. 1세대만 할 경우에는 대개 일반임대사업자로 등록하고, 2세대 이상 임대할 경우에는 주택임대사업자로 등록하는 것이 보통이지만, 어느 쪽이 반드시 유리하다고는 말할 수 없다.

일반임대사업자와 주택임대사업자 비교

우선 임대사업자 소득에 대한 세금은 부동산 관련 세금이 아니라 임대사업을 통해 얻은 사업자 소득으로 분류한다는 점을 이해하고 있어야 한다. 임대소득이 2,000만원 이상이면 종합소득세를 납부해야 하는데, 종합소득세 세율은 6%~38%로 차등 적용하므로 소득이 많아질수록 세율이 높아진다.

임대소득이 2000만원 이상이면 분리과세도 가능하다. 분리과세는 정기적인 수입이 아닌 비정기적인 소득에 적용되는 것으로 세율은 14%다.

세금은 주택 보유 수가 아니라 임대소득을 기준으로 한다. 2014년 2월 26일 국회에서 '주택 임대차 시장 선진화 방안'이 발표된 이후

비과세 대상 기간이 연장되었는데, 분리과세 대상자의 세금은 2016년까지 비과세 대상이고, 2017년 임대소득을 기준으로 2018년부터 과세 예정이다. 사업소득이 발생하면 지역의료보험으로 전환되는데, 임대소득이 2000만원 이하인 피부양자는 해당되지 않는다.

결론적으로 저가의 소형 오피스텔에 투자해서 매월 100만원, 연간 1200만원의 임대소득을 올리는 임대사업자의 임대소득 관련 세금은 거의 없다고 봐도 무방하다. 따라서 저가의 소형오피스텔 한두 채를 매입해서 임대하려고 하는데 세금이 무서워서 투자를 못하겠다는 말은 여기에 해당되지 않는다. 임대사업에 대한 소득이 2000만원을 넘어가서 세금이 부담이 되는 경우라면, 임대보증금을 높여서 월세 비중을 낮추는 방법으로 임대소득을 조정하거나 보유주택 수를 줄이는 방법으로 세금을 줄일 수 있다.

불법적인 탈세는 사회악이지만 합법적으로 세금을 회피하고 절세하는 것은 제도를 영리하게 이용하는 것으로 누구나 제도의 혜택을 누릴 수 있다. 모르면 바보가 되는 것이고 알고 실행하면 당신의 주머니는 두둑해진다.

다가오는 3년, 대한민국 부동산 시나리오

지은이 박연수(쌈지선생)
1쇄 인쇄 2017년 9월 5일
1쇄 발행 2017년 9월 15일

펴낸곳 트러스트북스
펴낸이 박현

등록번호 제2014-000225호
등록일자 2013년 12월 03일

주소 서울시 마포구 서교동 성미산로 2길 33 성광빌딩 202호
전화 (02) 322-3409
팩스 (02) 6933-6505
이메일 trustbooks@naver.com

값 16,000원
ISBN 979-11-87993-31-5 03320

믿고 보는 책, 트러스트북스는 독자 여러분의 의견을 소중히 여기며, 출판에 뜻이 있는 분들의
원고를 기다리고 있습니다.